すぐに役立つ

最新 借地借家の法律と実務書式87

弁護士 木島 康雄 監修

三修社

本書に関するお問い合わせについて

　本書の記述の正誤、内容に関するお問い合わせは、お手数ですが、小社あてに郵便・ファックス・メールでお願いします。お電話でのお問い合わせはお受けしておりません。内容によっては、ご質問をお受けしてから回答をご送付するまでに1週間から2週間程度を要する場合があります。

　なお、本書でとりあげていない事項や個別の案件についてのご相談、監修者紹介の可否については回答をさせていただくことができません。あらかじめご了承ください。

はじめに

　土地や建物の貸し借り（賃貸借）は目的を問わず頻繁に利用されている取引のひとつです。

　広く日常的に行われている契約ですが、その反面、目的物の利用の仕方、賃料の支払・値上げ、更新、明渡しなど、さまざまなトラブルが生じているのも事実です。こういったトラブルの予防や解決の基準になるのが民法や借地借家法です。しかし、法令の規定というのはあくまで一般的に適用されるルールであり、何もかもが完全に規定されているというわけではありません。円満な契約関係を築いていく上では、法律のルールをふまえた上で当事者が個々の事情を考慮し、正確な契約や書面を作成するということがもっとも重要だといえます。

　本書は借地・借家契約を締結する上でおさえておくべき契約書や通知書、請求書などを掲載した書式集です。居住用だけでなく、資材置き場の賃貸や倉庫の使用といった事業目的の契約書や、2020年4月施行予定の民法改正後に改訂された賃貸住宅標準契約書などを中心に80を超える実務書式を収録しています。契約関係にある当事者間では、事情の変更が生じた場合に許否をめぐってさまざまなやり取りをすることになりますが、賃料の増減、解約、更新などのケースについて、通知書や請求書などの書面を掲載しています。

　本書で掲載している書式を参考に、契約書その他の文書をご作成いただければ、それだけである程度の問題は予防・解決することができると思います。ただし、どうしても当事者間の話し合いだけでは済まない状況に至ることもあり得ます。そのような場合、各種法的手段を活用することになりますが、本書では、不動産トラブルで活用できる供託・調停・訴訟・借地非訟についても申立書などの書式を掲載した上で、解説しています。

　本書をご活用いただき、借地借家契約の締結や不動産賃貸借関係の書面作成に役立てていただければ監修者として幸いです。

　　　　　　　　　　　　　　　　　　　監修者　弁護士　木島　康雄

Contents

はじめに

第1章 借地借家契約と契約書の作成常識

1 賃貸借契約とはどんなものか　10
2 民法改正と不動産賃貸借について知っておこう　14
3 契約書を作成するメリットは何か　17
4 借地借家契約に規定する特約について知っておこう　23
5 公正証書で契約書を作成することもある　30
6 借地契約の変更・解除・更新をめぐる法律と書式　34
7 借家契約の更新・解約・変更・敷金をめぐる法律と書式　36

第2章 借地契約についての書式

書式1 土地賃借権の設定契約書　42
書式2 地上権設定契約書　46
書式3 分譲マンション建設のための地上権の設定契約書　49
書式4 自己借地権の設定契約書　52
書式5 定期借地権の設定契約公正証書　55
書式6 事業用定期借地権の設定契約公正証書　58
書式7 建物譲渡特約付借地権の設定契約書　62
書式8 一時使用目的の借地権設定契約書　65
書式9 資材置き場の賃貸借契約書　67
書式10 駐車場の賃貸借契約書　70
書式11 地役権の設定契約書　73
書式12 通路の賃貸借契約書　76

| 書式13 | 土地の使用貸借契約書 | 78 |
| Column | 借地契約と立退料 | 80 |

第3章 借地契約の変更・解除・更新をめぐる書式

書式1	借地条件を変更する合意書	82
書式2	増改築の申出に対して承諾をする場合	84
書式3	建物増改築工事の中止を要請する場合	85
書式4	無断増改築を理由として契約を解除する	86
書式5	建物再築の通知書	87
書式6	建物再築に対する地主の異議	88
書式7	借地権譲渡を承諾しない場合	89
書式8	土地の転貸借契約書	90
書式9	土地賃借権を相続した場合	92
書式10	借地人から地主の相続人への通知	93
書式11	借地人に更新料の支払いを要請する	94
書式12	借地契約更新拒絶の通知	95
書式13	更新契約書	96
書式14	賃料の増額を請求する場合	98
書式15	賃料の減額を請求する場合	99
書式16	賃料の支払い催告と解除予告	100
書式17	賃料の不払いを理由とする解除	101
書式18	正当事由に基づく明渡し請求	103
書式19	借地権の無断譲渡を理由とする解除	104
書式20	無断転貸を理由とする明渡し請求	105

書式21	借地契約更新後の無断再築を理由とする解約の申入れ	106
書式22	事業用定期借地権の期間満了による明渡し請求	107
書式23	借地上の建物賃借人に対する明渡し請求	108
書式24	借地契約を合意解除する場合	109

第4章 借家契約を結ぶときの書式

書式1	重要事項説明書	112
書式2	賃貸住宅標準契約書	119
書式3	賃貸住宅標準契約書別表第2に掲げる行為の実施承諾書	133
書式4	期間の定めがない建物賃貸借契約書	134
書式5	事務用ビルの賃貸借契約書	138
書式6	マンションの賃貸借契約書	141
書式7	賃借権の譲渡権利付店舗賃貸借契約書	144
書式8	取締役が自社に建物を賃貸する場合の契約書	147
書式9	デパートへの出店に関する賃貸借契約書	150
書式10	倉庫の使用に関する契約書	154
書式11	定期建物賃貸借契約公正証書	157
書式12	法令で取壊し予定の建物の賃貸借契約書	161
書式13	一時使用目的の建物賃貸借契約書	164

第5章 借家契約の更新・解約・変更・敷金をめぐる書式

書式1	賃借権譲渡の承諾を請求する場合	168
書式2	賃借権譲渡を承諾しない場合	170
書式3	賃借権譲渡を承諾する場合	171
書式4	建物賃借権の譲渡契約書	172

書式5	転貸借の承諾を請求する場合	174
書式6	転貸借を条件付きで承諾する場合	176
書式7	転借人に対する明渡し請求	177
書式8	更新契約書	178
書式9	期間の定めのある契約の更新を拒絶する旨の通知をする	180
書式10	更新拒絶後も立ち退かない借家人に建物の明渡しを請求する	181
書式11	家主が貸家を第三者に譲渡した場合	182
書式12	家主に修繕費用（必要費）を請求する	184
書式13	借家人からの修繕要求を拒否する場合	186
書式14	家主に建物増改築の承諾を申し入れる場合	188
書式15	無断増改築を理由とする原状回復請求	190
書式16	家賃の支払請求	192
書式17	家賃の増額を請求する場合	193
書式18	家賃の改定に関する合意	194
書式19	賃料の支払い催促と解除予告	195
書式20	用法違反を理由とする是正の催告	197
書式21	家主が借家人に深夜の騒音を停止するよう申し入れる	198
書式22	無断転貸を理由とする解除	199
書式23	立退料の支払いによる解約の申入れ	200
書式24	建物の利用状況を考慮した解約申入れ	201
書式25	解約後も居座る借主に立退きを請求する	203
書式26	取壊し予定建物の賃貸借における明渡請求	205
書式27	定期借家契約の期間満了を理由とする明渡請求	206
書式28	保証金（敷金）の返還を請求する場合	207

書式29	敷金と原状回復費用の相殺を主張する場合	208
書式30	有益費の償還を請求する場合	209
書式31	家主が借家人にペットの飼育をやめるよう申し入れる場合	210

第6章 困ったときの法的手段と書式

1 借地や借家のトラブルにはどんなものがあるのか　　212
2 供託とはどんな手続きなのか　　214
　書式1　供託された家賃を受け取るときの通知　　217
3 事実関係の確認にはまず内容証明郵便を出す　　218
　書式2　駐車料金の支払請求書　　221
4 民事調停でトラブルを解決する　　222
　書式3　賃料をめぐる紛争についての調停申立書　　224
5 訴訟手続きの流れはどうなっているのか　　227
　書式4　敷金の返還請求の少額訴訟訴状　　230
6 勝ち取った判決を実行に移すのが強制執行　　232
7 借地非訟で解決できるトラブルは何か　　234
　書式5　借地非訟申立書　　236
8 不動産の明渡しトラブルを解決するには　　246
　書式6　建物明渡調停申立書　　249

Column　協議による時効完成猶予　　252

巻末資料　賃貸トラブルガイドラインによる貸主・借主の負担区分　253

第1章

借地借家契約と契約書の作成常識

1 賃貸借契約とはどんなものか

借家契約や借地契約では借地借家法が民法に優先適用される

● 不動産賃貸借とは

　賃貸借契約は、賃貸人が賃借人に物を使用収益させ、賃借人が対価として賃料を支払う契約です。日常生活で賃貸借契約は広く利用されていますが、とくに不動産の賃貸借契約（不動産賃貸借）が重要です。

　賃貸人（貸主）は、賃借人に目的物を使用収益させる義務を負うことから、目的物の使用収益に必要な修繕をする義務や、賃借人が代わりに支出した必要費などを返還する義務があります。

　これに対し、賃借人（借主）は、賃貸人に賃料を支払う義務を負うとともに、善良な管理者としての注意（賃借人として通常期待されている程度の一般的な注意義務のこと）をもって目的物の使用収益をしなければなりません。具体的には、賃貸借契約や目的物の性質によって定まる用法に従って、目的物を使用収益する義務を負います。

　その他、賃借人は、賃貸人の承諾がなければ賃借権を他人に譲渡したり、目的物を他人に転貸（また貸し）できません。賃借人が賃貸人の承諾なく他人に目的物の使用収益をさせた場合、賃貸人は、賃貸借契約を解除（契約を解消すること）できます。ただし、賃貸借契約は賃貸人と賃借人の信頼関係を基礎として成り立つため、賃借権の無断譲渡または目的物の無断転貸がなされても、信頼関係を壊したと認められない限り、賃貸人は賃貸借契約を解除できないとされています。

● 借家契約では借地借家法が優先して適用される

　借家契約とは、建物全般を目的物とした賃貸借契約のことです。借家契約の場合は、家賃（建物の賃料のこと）、建物を賃借する目的、

存続期間（賃貸借契約が継続する契約期間のこと）、賃借権の譲渡や建物の転貸の可否などを規定しておくことが重要です。そして、借家契約においては、借家人（建物の賃借人のこと）を保護するため、民法の規定に優先して「借地借家法」が適用されることが重要です。

① 借家契約の存続期間（契約期間）

借家契約の存続期間は、大家（建物の賃貸人のこと）と借家人の間で自由に決定できますが、借地借家法により、1年未満の存続期間を定めた場合は「存続期間の定めがない借家契約」とみなされます。

② 借家契約を第三者に主張する条件

借家人が借家契約の存在を第三者に主張するためには、本来は賃借権そのものを登記することが必要ですが、賃貸人には賃借権の登記に協力義務がないことから、実際はあまり行われていません。しかし、賃借権の登記がなくても、借地借家法により、借家人が建物の引渡しを受けていれば、借家権を第三者に主張できるようになっています。

● 定期借家権について

借地借家法では、契約更新のない建物賃貸借が認められており、これを定期借家契約といいます。定期借家契約を締結する時は、契約の更新がないことを、公正証書などの書面によって明確にしなければなりません。さらに、賃貸人が、あらかじめ賃借人に対し、契約の更新がなく期間満了により契約が終了することを記載した書面を交付し、そのことを説明しなければなりません。たとえば、3年間の海外勤務の間だけ自宅を他人に貸したい、中古建物を取り壊すまでの間だけ他人に貸したい、という場合に定期借家契約が利用されます。

● 借地権をめぐる借地借家法の規制

借地契約とは、建物の所有を目的とする土地賃貸借契約または地上権設定契約のことです。建物の所有を目的とする土地賃借権または地

上権（工作物または竹木の所有を目的として土地に設定される権利のことで、賃借権よりも借地人にとって強力な点が多い）のことを借地権といいます。借家契約と同じように、借地契約も借地借家法が民法に優先して適用され、借地人（借家契約の借主側の人のこと）を保護するため、民法よりも有利な規定を設けています。

① 借地権の存続期間

　民法上の賃貸借契約や借家契約は、存続期間の下限を規定していませんが、借地契約は借地人が借地上に建物を建て借地人が長期にわたって使用収益するのを前提としています。そこで、借地借家法では、借地権の存続期間の下限を30年と規定しています。また、契約更新後の存続期間については、「最初の更新の下限は20年、2回目以降の更新の下限は10年」と規定しています。これらの下限よりも短い存続期間にすることはできませんが、長い存続期間にすることは可能です。

② 借地権を主張する条件

　借地人が自己の借地権を第三者に主張するためには、借家契約の場合と同じく、本来は賃借権の登記が必要ですが、地主（借家契約の貸主側の人のこと）は賃借権の登記への協力義務がないので、あまり行われていません。しかし、借地借家法により、賃借権の登記がなくても、借地上に建てた建物について借地人が自己の名義で「建物の登記」をすれば、借地権を第三者に主張できるようになっています。

● 定期借地権とは

　定期借地権とは、一定の要件を満たした場合に認められる契約の更新がない借地権のことです。定期借地権を設定すると、ⓐ契約の更新がない、ⓑ建物再築による存続期間の延長がない、ⓒ契約終了時の借地人からの建物買取請求が排除される、という効果が生じます。

　通常の借地権では、借地権の存続期間満了時に建物がある場合、地主は正当事由をもって更新拒絶をしないと、契約が更新されることに

なっています（法定更新）。定期借地権は、契約の更新を認めず、期間満了時には必ず地主に土地を返還することが条件です。地主への土地の返還が約束されるので、「借地権を設定すると戻ってこない」というイメージから借地契約の締結に慎重であった地主も、柔軟に土地を運用することが可能になります。一方、借地料は通常の借地権よりも安くなるのが一般的なので、借地人にとっては、使用収益できる期間が限られることを受忍すれば、安い金額で土地を調達できるメリットがあります。定期借地権には、以下の3種類があります。

① **一般定期借地権**

50年以上の存続期間を設定し、期間満了時に、借地人が土地を更地に戻して返還すること、建物買取請求はしないことなどを定める借地権です。一般定期借地権の設定契約は、書面で行わなければならず、通常は公正証書を利用します。使用収益の目的が居住用か事業用かの制限はありません。

② **事業用定期借地権**

事業用の使用収益に限られた定期借地権です。居住用建物を含む場合は事業用として認められない点に注意が必要です。存続期間は10年以上50年未満で設定できます。そして、事業用定期借地権の設定契約は、必ず公正証書で行わなければなりません。存続期間が30年以上か30年未満かによって設定条件が異なってきます。

③ **建物譲渡特約付借地権**

期間満了時に、借地上にある建物を地主が買い取る特約のついた借地権です。存続期間は30年以上で設定します。たとえば、業者が土地を借り、ビルやマンションを建てて、30年以上にわたり賃料収入を得た後に地主へ建物を売却する、というビジネスモデルで建物譲渡特約付借地権の設定契約が利用されます。書面による契約は要求されていませんので、口頭でも契約は成立しますが、公正証書を利用するのが一般的です。居住用か事業用の制限はありません。

2 民法改正と不動産賃貸借について知っておこう

不動産賃貸借では敷金・修繕費用・原状回復などが重要である

● 不動産賃貸借に対して民法改正が及ぼす影響

　2017年6月に民法改正が成立し、施行日は2020年4月1日に決まりました。第三編（債権）を中心に改正されるため「債権法改正」と呼ばれています。賃貸借契約に関する主な改正点を見ていきましょう。

① 　賃貸借契約の存続期間の伸長

　改正民法では、存続期間の上限を「50年」と改めることになり、改正前の上限である20年よりも長期に渡る賃貸借契約を結ぶことが可能になります。とくに借地契約に該当しない「建物の所有を目的としない土地賃貸借契約」において重要になる改正点です。

② 　賃貸借契約終了時の目的物返還義務の明記

　改正民法では、賃借人の義務として、賃料支払義務に加えて、賃貸借契約が終了した後、引渡しを受けていた目的物（賃借物）を賃貸人に返還する義務（目的物返還義務）を負うことを明記しました。改正前から賃借人の義務とされていた事項を条文化しました。

③ 　敷金の定義や返還時期に関する規定の新設

　改正前は、実務上は当然のように授受される敷金について、明確な規定が置かれていませんでした。改正民法では、敷金とは何か（敷金の定義）について、名目を問わず、賃料債務その他の賃貸借に基づいて生じる賃借人の賃貸人に対する金銭債務を担保する目的で、賃借人が賃貸人に交付する金銭をいう、とする規定を設けました。

　さらに、敷金の返還時期について、改正民法では、賃貸借契約が終了し、目的物が返還された時であるとする規定を置いて、賃借人による目的物の返還が先履行であることを明確にしました。

④　修繕費用を賃借人が負う場合を明記

改正民法では、賃貸人が目的物の必要な修繕をする（賃借人が支出した修繕費用を負担する）義務を負うとする立場を維持しつつ、賃借人の落ち度（帰責事由）によって修繕が必要になった場合、賃貸人は修繕義務を負わない（修繕費用の負担義務を負わない）ことを明記しました。たとえば、賃借人が賃借建物の屋根を自分で壊した場合、賃貸人はその屋根の修繕義務を負わないということです。

⑤　契約終了後の収去義務や原状回復義務

改正民法では、使用貸借の規定を準用し、賃借人が目的物を借り受けた後に附属させた物がある場合は、賃貸借契約の終了後、賃借人がその附属させた物を収去する義務を負うことを明らかにしました。

賃貸借契約の終了後に関して、賃借人による目的物の原状回復義務の範囲について、改正民法は規定を設けました。具体的には、目的物の損傷が「通常の使用及び収益によって生じた賃借物の損耗並びに賃借物の経年変化」（通常損耗・経年変化）にとどまる場合、賃借人は賃貸人に対し原状回復義務を負わないことを明らかにしました。

さらに、通常損耗・経年変化を超える損傷であっても、賃借人の落ち度（帰責事由）によらない損傷であるときは、契約終了後に原状回復義務を負わないことも明らかになっています。

● 不動産賃貸借に関連する規定の改正

改正民法について、賃貸借契約以外の項目であっても、賃貸借契約に大きな影響を与える改正があります。それは個人根保証契約をする場合に極度額の設定を義務づける規定です（民法465条の2）。

個人根保証契約とは、一定の範囲に属する不特定の債務を保証する契約（根保証契約）を個人が行う契約です。賃借人の賃貸人に対する債務は、賃料不払いの期間や目的物の修繕範囲によって金額が変わる不特定の債務ですから、これを保証する契約は根保証契約に該当しま

す。したがって、賃借人の保証人が個人である場合は、必ず「極度額」（保証額の上限のこと）を定めた個人根保証契約を書面で締結しなければ、その個人根保証契約は無効になることに注意が必要です。

その他、改正前は民事と商事で異なる法定利率を定めていましたが、改正民法は民事・商事を問わず施行時に年３％へ引き下げ、その後は３年ごとに１％刻みで見直す変動制を採用しています。

● 経過措置について

改正民法の施行日は2020年４月１日です。施行日以後に結んだ各種契約には、原則として新法（改正後の規定）が適用されます。しかし、継続的取引がある相手方との間で、施行日をまたいで存続する契約関係などに対し、旧法（改正前の規定）または新法のいずれを適用するのかによって、取引に大きな影響を与える場合もあります。

そこで、改正民法は経過措置規定を設けて、改正に伴う法律関係を整理しています。たとえば、賃貸借契約の存続期間を50年とする規定や、個人根保証契約に極度額の設定を義務づける規定など、新法の規定の多くは施行日以後に適用されます。また、施行日前に発生していた債権に対しては、消滅時効期間や法定利率に関する新法の規定が適用されず、旧法の規定が適用されます。債権者の地位にある賃貸人などは、とくに短期消滅時効期間の経過に注意が必要です。

■ 民法改正が不動産賃貸借に対して及ぼす影響

民法改正における不動産賃貸借に関する規定のおもな改正点
賃貸借契約の存続期間の伸長
賃貸借契約の契約終了時の目的物返還義務の明記
敷金の定義や返還時期に関する規定の新設
修繕費用を賃借人が負う場合を明記
契約終了後の収去義務や原状回復義務

3 契約書を作成するメリットは何か

後々生じる可能性があるトラブルを防止することができる

● 契約書は最低でも当事者の人数分作成する

　契約は、たとえば借家契約の場合は、「ある家を貸したい」という人と「賃料を払って借りたい」という人の意思が合致したときに成立します。契約は、貸主や借主といった契約当事者の自由な意思で決定されます。問題になりそうな事項は、法律の規定があっても、あらかじめ契約書に明記しておく方が望ましいといえます。

　当事者の一方に契約違反がある場合を債務不履行といいます。債務不履行をした側の当事者は、相手から契約を解除されるだけでなく、損害が発生している場合はその賠償を請求されます。

　契約書は最低でも当事者の人数分作成します。契約書が1通しか存在せず、当事者の一方だけが保管する場合、その契約書が紛失したり、巧みに改ざんされたりすると、他方の当事者は、本来の契約内容を証明する貴重な証拠を失うことになります。契約書を人数分作成し、すべての当事者が1通ずつ保管する方法には、そのような危険を排除するメリットがあります。また、当事者の一方に契約違反がある場合、他方の当事者は、契約の履行や損害賠償などを求めて裁判所に訴えを提起し、得られた勝訴判決（確定判決）に基づいて強制執行の申立てができます。そのためには、契約の存在や内容を立証する必要があります。契約書はこれらを証明する最も有力な証拠ですから、契約の履行や損害賠償などを主張する際には必ず必要になります。

● 契約書の作成形式に制約はない

　法律が特定の形式を要求している場合を除いて、契約書の形式は自

由です。数字や外国語が多く用いられるときは、横書きの方が便利です。法律が要求していなければ、用紙、字数、筆記方法などの制約もありません。現在では手書きでなくワープロ書きで作成する方が一般的です。用紙はＡ４サイズを使用することが多いようです。

　契約書に書かなければならない事項、契約書の作成にあたって注意すべき事項としては、以下のものがあります。

① **表題（タイトル）**

　とくに「表題はこう書かなければならない」という決まりはありませんが、契約内容が一目でわかる表現にするのが望ましいでしょう。たとえば、借家契約であれば「建物賃貸借契約書」などと書きます。

② **前文**

　通常、契約書の表題の後、個々の契約条項に入る直前に、「○○○○（以下「甲」という）と○○○○（以下「乙」という）は、次のとおり、賃貸借契約を締結する」といった文章が置かれます。

③ **当事者の表示**

　契約の当事者とは、契約を締結する主体であり、権利義務の主体になる者のことです。当事者は、個人であれば住所と氏名、法人であれば本店所在地の住所と法人名で特定します。当事者名を契約条項中で使用する際、そのつど正式名称を記載していたのでは、字数が増えて読みづらいので、契約書の前文のところで、「以下○○○○を甲、○○○○を乙という」と断った上で、それ以降の契約条項では「甲」「乙」と略記するのが通常です。

④ **目的条項**

　第１条として、契約の趣旨・目的や、契約の目的物の内容を具体的に記載します。目的条項は前文に盛り込んでしまう場合もあります。

⑤ **契約の内容**

　契約の当事者間に発生する債権および債務などを記載します。契約の中心となる部分から順に箇条書きに記載するのが一般的です。

⑥　契約の締結（作成）年月日

　契約の成立日を証明する記載として大変重要です。締結年月日は契約の有効期間を確定したり、正当な権限のもとに作成されているかを判定する基準になります。実際に契約を締結した日（契約書を取り交わした日）を記載するようにしましょう。締結年月日を公に証明したい場合には、公証役場で確定日付をもらうのが一般的です。

⑦　署名押印

　当事者が個人であれば、その住所を記載し、署名押印します。当事者が法人であれば、本店所在地の住所と法人名を記載し、代表者が署名押印します。印鑑は、通常は何を使ってもかまいませんが、証明力を強くするには、市区町村（法人の場合は法務局など）に登録している印鑑（実印）で押印するのが望ましいでしょう。

⑧　物件目録・見積書など

　契約の目的物（対象物件）が何であるかも重要です。不動産の賃貸借契約では、登記簿に記載された物件の表示（土地の表示・建物の表示）を記載して目的物を特定します。契約条項中に記載してもかまいませんが、物件の数が多いときは、別紙としてつづった物件目録に物件を表記し、契約条項本文ではそれを引用する方法がとられます。

⑨　収入印紙の貼付

　契約書には収入印紙の貼付が必要な場合があります（印紙税については21ページ）。契約書を複数作成する場合には、それぞれに印紙の貼付が必要です。ただ、印紙の貼付の有無と契約の効力とは直接の関係はありません。印紙がなくても契約は有効です。

⑩　後文（作成通数の記載）

　当事者間で合意が成立したことを明示するなど、契約書の体裁を整える文章をおき、何通作成したかを記載して締めくくります。「この契約の成立を証するため、本書2通を作成し、各自署名押印の上各1通を保有する。」という一文が置かれるのが通常です。そして、当事

者の数だけの契約書が作成され、各当事者が1通ずつ所持します。

● トラブル防止のためにこんな規定をおく

　契約上のトラブルが後日発生することを防ぐためには、将来争いが生じやすい事項につき、あらかじめ適切な規定を設けておくことが大切です。法律に定めがあるため、契約書への記載の有無にかかわらず同じ効果が生じる場合であっても、記載することでより明確にすることができます。したがって、争いの生じやすい事項については、予防のためにぜひとも明文の規定を置いた方がよいでしょう。

① **存続期間**

　賃貸借契約では存続期間が問題となります。借地契約の場合、存続期間の定めを置かないと、自動的に存続期間が30年になります。

② **契約解除**

　契約解除は、一方の当事者からの解除権の行使によってなされます。解除権には、法定解除権と約定解除権があります。

　法定解除権は、契約違反といった債務不履行があった場合に、法律上当然に認められます。法定解除権を行使する場合、相手方に債務不履行があっても、まず履行の催告をすることが必要です。催告に時間がかかり、解除のチャンスを逃すこともありますから、催告なしで解除できるという無催告解除の特約をしておくこともあります。

　約定解除権は、債務不履行の有無を問わず、当事者の契約により認められるもので、手付が交付された場合が典型例です。なお、手付による解除は、相手が契約の履行に着手していないことが条件です。

③ **損害賠償**

　契約違反といった債務不履行によって債権者に損害が生じた場合、債権者はその損害の賠償を求めることができます。これは民法の規定を根拠としますが、当事者間の特約により、あらかじめ損害賠償額を定めたり違約罰の定めを置くこともできます。

④ 保証人条項・相殺の予約・公正証書の作成

　これらについても、契約の拘束力を強める意味で、必要な場合には規定をおいた方がよいでしょう。

⑤ 諸費用の負担

　契約に基づいて生じる登記などの費用や、修繕に必要となる費用などの負担をどのようにするかは、明確に定めておくべきです。

⑥ 裁判所の管轄

　契約上の争いについて裁判所に判断を求める際には、管轄権を有する裁判所に申し立てます。通常の民事訴訟は、原則として相手の住所地を管轄する裁判所に訴えを提起しなければなりません。しかし、相手の住所が遠隔地の場合は、多額のコストがかかって不便なため、特約により便利な管轄裁判所を定める場合が多いようです（合意管轄）。

⑦ 協議条項

　契約条項に記載されていない事項が発生した場合には、当事者間で協議をする一文を入れます。

● 印紙税とは

　印紙税は、課税の対象になる文書（課税文書）を作成したときに納付義務が発生する税金です。課税文書の種類は、印紙税法別表第１で１号から20号まで示されており、全部で20種類あります。印紙税を納税する方法は、原則として課税文書に印紙を貼るだけです。印紙を貼付した際には消印が必要になります。

　なお、１号〜20号のどの課税文書に該当するかについては、契約書のタイトルで形式的に判断するのではなく、契約書の内容から判断します。

● 不動産賃貸借と印紙税

　不動産賃貸借において、印紙税の対象になるのは「土地の賃借権の

設定又は譲渡に関する契約書」です（第1号の2文書）。したがって、不動産賃貸借契約書や賃借権譲渡契約書であっても、目的物が建物であれば課税文書には該当しませんので、収入印紙の貼付は不要です。これは居住用と事業用のどちらの場合も同様です。

　印紙税の対象になるのは契約書です。契約書とは、たとえば借地権の設定であれば、地主と借地人による借地契約の成立を証明する文書をさしますから、申込書や請求書といった書面であれば、通常は収入印紙の貼付は不要です。ただし、書面のタイトルが「申込書」であるとしても、記載内容が契約書と取り扱われるものであれば、収入印紙の貼付が必要になります。

　印紙税額は契約書に記載されている記載金額により異なります。記載金額とは、土地の賃借権の設定・譲渡の対価として支払う、後日返還が予定されていない金額のことです。つまり、債務の担保として交付して後日返還が予定されている敷金、保証金や、土地の使用収益の対価（賃借権の設定・譲渡の対価ではない）として支払う賃料は「記載金額」に該当しません。

■ 土地の賃借権の設定・譲渡の契約書の印紙税額

記載金額	印紙税	記載金額	印紙税
1万円未満	非課税	5千万円を超え1億円以下	6万円
10万円以下	200円	1億円を超え5億円以下	10万円
10万円を超え50万円以下	400円	5億円を超え10億円以下	20万円
50万円を超え100万円以下	1000円	10億円を超え50億円以下	40万円
100万円を超え500万円以下	2000円	50億円を超えるもの	60万円
500万円を超え1千万円以下	1万円	契約金額の記載のないもの	200円
1千万円を超え5千万円以下	2万円		

4 借地借家契約に規定する特約について知っておこう

特約の有無が契約の内容を左右する

● 個別の事情に合わせて特約を定めておく

　契約書の中で気をつけたいのは特約です。とくに明渡し時の原状回復義務や修繕費用の負担についての条項は、重点的に記載し、借主に説明しなければなりません。賃貸借契約書の一般的なひな型には記載されていない事項についても、特約で定めることができますので、個別の事情に合わせて特約を定めておくのがよいでしょう。

① 原状回復特約とは

　原状回復特約とは、借主が退去する際に、どの程度の修繕をするかを定めた特約です。具体的には、「借主は、故意または過失の有無を問わず、本件建物に損傷・滅失・汚損といった損害を与えた場合は、損害賠償義務を負う。」「借主は自己の費用で、本件建物を原状に戻して明け渡す。」などと記されています。原状回復特約により借主がどこまで修繕責任を負うかは、その文言の内容によっても変わります。

　また、原状回復特約では、「床・壁紙の張替えや室内のクリーニングに要する費用は、借主の負担とする。」など、修繕の内容を個別に定めることもあります。賃貸借契約を締結する際は、貸主側が特約内容を書面にして借主に交付し、口頭で説明することが求められます。

　2017年成立の改正民法では、ⓐ通常の使用収益によって生じた賃借物の通常損耗・経年変化と、ⓑ借主の責めに帰することができない事由による損傷は、いずれも原状回復義務の対象外としています。もっとも、賃貸借契約書の特約に定めることで、ⓐⓑについて借主に原状回復義務を負わせることが可能ですが、その際は、特約で明確に定めるとともに、借主に不当な義務を負わせないことが必要です。

以上をふまえ、原状回復特約が有効と認められるかは、次の基準によって判断されることになります。

・**特約を定める必要があり、かつ合理的な理由がある場合**

　たとえば、賃料が近隣の相場に比べて非常に低く設定され、賃料の中に修繕費が含まれていないと判断される場合、原状回復特約の必要性・合理性が認められる可能性が高くなります。

・**借主が特約によって法律で定める通常の原状回復義務を超える範囲の修繕責任を負うことを理解している**

　特約の内容を賃貸借契約書や付帯した文書にわかりやすく明記し、借主には、通常の原状回復義務を超えた範囲の修繕責任を負うことになることを説明しなければなりません。つまり、貸主は借主に特約の説明を行う義務があります。たとえば、賃貸住宅への入居のしおりを手渡しただけでは、説明義務を果たしたことにはなりません。

・**借主が特約で定められた修繕負担をすることを了承している**

　賃貸借契約を締結する際に、契約書に特約を理解し同意するという項目があり、そこに借主のサインや押印がある場合は、借主が特約に了承したと判断されやすくなります。

② 小修繕特約は借主負担の場合もある

　たとえば、電球の取替えや障子の張替えのように、修繕にあまり費用がかからないものを小修繕といいます。小修繕特約とは、借主が小修繕を行った場合、その費用は借主の負担になることを定める特約です。具体的には、「本件建物の小修繕は借主の負担において行う。」などと記されています。ただし、小修繕特約があっても、建物の基礎に関する部分の修繕や、屋根や外壁の塗りかえといった大規模な修繕に関する費用は、特約の定めの有無にかかわらず、原則として貸主が負担することになる点に注意が必要です。

③ 敷引特約

　敷引特約とは、契約終了後に借主が退去する際、貸主が一定額を差

し引いた敷金を借主に返還することを、賃貸借契約の締結時に約束しておく特約です。退去時の建物の状態にかかわらず、前もって修繕のために一定額の費用を敷金から差し引くことを決めておけば、敷金返還時のトラブルを避けられるという考え方からできた特約です。

差し引かれた金銭は、おもに原状回復費用や空室損料（退去した建物に次の入居者が入るまでの補償）に使われていますが、契約が成立

■ **問題になる特約の例** ……………………………………………………

① **原状回復特約** 借主が、賃貸借契約終了時点で、賃貸物件について、原則として契約時点の状態に復旧する義務を負う特約
  ● 法律やガイドラインの趣旨に沿った内容である必要がある
  ∴ 抽象的な記載は、契約条項が無効になるおそれがある
  （例）「賃貸借契約が終了したときは、借主の費用をもって、本件物件を、契約当時の原状に復旧させ、貸主に明け渡すものとする。」
  ⇒ 具体的な義務が明らかにされていない【抽象的な記載にあたる】

② **小修繕特約** 賃貸物件の小規模な修繕について、貸主ではなく借主が修繕義務を負うとする特約
  ● 特約として認められるのは「小修繕」と呼べるもののみ
  ∴ 大規模な修繕については、賃貸人が負担する義務を負う
  【小修繕といえる場合】畳表・畳床、障子、ガラス、網戸の張替え、蛍光灯の交換、水道　など
  【小修繕とはいえない場合】浴槽やキッチンの交換など負担が重いもの
  ⇒ 特約が無効になる可能性が高い

③ **敷引特約** 契約終了後の借主の退去時に、貸主が一定額を差し引いた敷金を借主に返還することを約束しておく特約
  ● 修繕費用として通常想定される額や賃料の額などに照らし、金額が高額すぎる場合、消費者契約法に違反するおそれがある
  （例）「敷金の返還については、本件賃貸借契約終了後、明渡し時には敷金25万円から10万円を差し引いた15万円を返還する。」

したことの貸主への礼金として扱われる場合もあります。そのため、特約で返還する敷金を減額しながら、退去時にはさらに修繕費を要求してくるケースも存在します。

そして、敷引特約の有効性をめぐっては、訴訟になるケースが多いことに注意を要します。最高裁は、2011年3月24日、「敷引特約は不当に高額でない限り有効」という趣旨の判断をしました。その上で、礼金をもらわず、敷引金も月額賃料の2倍弱から3.5倍強にとどまっている敷引特約のケースについて、「不当に高額でない」として、敷引特約を有効としました。ただし、最高裁は「不当に高額でない限り」という限定をつけており、いかなる場合も有効とは述べていません。あまりにも金額が大きいときには、消費者契約法などを根拠として敷引特約が無効と判断される場合もあります。

◉ 賃貸人に有利な契約条項は賃借人に説明する

賃貸人にとって有利な契約条項ということは、賃借人にとっては不利な契約条項であることを意味しています。これらの契約条項が契約書に記載されていても、その条項の内容に賃借人が納得していなければ、後のトラブルの原因になってしまいます。そのため、賃貸人に有利な契約条項については、あらかじめ賃借人に説明しておくことが必要です。とくに、賃料や敷金などを含めた、契約時に賃借人が負担すべき金額を契約書に明記し、それを説明することが重要です。契約書に負担額を明記し、それを説明した後に契約したとなれば、賃借人は賃金や敷金などの負担を納得したことになるので、後にトラブルが生じても、賃借人からの支払が滞る可能性は低いといえます。

◉ 特約によって賃貸人に有利な条項を置くこともできる

賃貸借契約の中には、借地借家法や消費者契約法などに反しない限り、賃貸人に有利な条項を設けることができます。賃貸人にとって有

利な契約条項としては、①通常損耗や経年変化により生じたキズや汚れの修繕費用を賃借人に負担させる特約、②賃貸借契約を更新する際の更新料の特約、③賃貸人が負担する不動産の修繕義務を回避する特約、④造作買取請求権を排除する特約、⑤有益費償還請求権を排除する特約、⑥賃料を増額するための特約などがあります。

　これらの契約条項は、賃借人にとって不利なものですから、その内容について賃借人に説明を行い、賃借人が納得してから契約を締結することが必要です。とくに賃借人が消費者（個人）のケースでは、消費者契約法によって、消費者の利益を一方的に害する契約条項であると判断され、その契約条項が無効になる可能性もあります。

● 中途解約を認める条項を置くこともできる

　契約期間の定めがある賃貸借契約の契約期間中に、相手方に契約違反（債務不履行）がなくても、一方的に契約関係を解消することを認める契約条項のことを中途解約条項といいます。契約期間の定めがある賃貸借契約は、契約期間中は契約関係に拘束され、中途解約（契約違反がなくても一方的に契約関係を解消すること）は認めないのが原則です。しかし、中途解約条項の定めがあれば、賃借人側からの中途解約は認めることができます。これに対し、賃貸人側からの中途解約を認める条項は、賃借人に不利な条項として無効になります。賃借人が目的物を必要としないのに、中途解約が一切できないのは不合理であるため、多くの場合は中途解約条項が設けられています。中途解約条項を設ける場合、賃借人による安易な中途解約を防止するため、契約日から一定期間内の中途解約を禁止したり、中途解約に際して違約金を徴収したりすることがあります。これらの規定を設けること自体は可能ですが、たとえば、違約金をあまりに高額に設定することは、建設協力金方式などの特殊な賃貸借契約でない限り、賃借人に不利益な条項として、消費者契約法により無効と判断される場合があります。

また、中途解約条項の中に「賃貸借契約を期間中に解約する場合は、〇か月前に相手方に通知しなければならない」といった形で、事前の予告を求めることも可能です。この予告期間は2～3か月間とするのが通常です。

● 必要費償還義務を特約で賃借人負担にする

　賃貸人は賃借人が建物を使用収益するのに必要な費用（必要費）を支出する義務を負っています。必要費を賃借人が支出した場合、賃貸人は賃借人が支出した金額を償還する義務を負います。これを必要費償還義務といいます。たとえば、水道の給水栓が壊れると、建物を使用できなくなりますので、給水栓の修繕費用は必要費になります。

　しかし、賃貸借契約の中で賃借人が必要費を負担するとの特約を設けることで、賃借人に必要費を負担させることができます。この特約により、賃貸人は必要費を負担する必要がなくなりますが、成約率が下がるというデメリットもあります。

● 通常損耗や経年変化の修理を借主負担にする

　2017年成立の改正民法では、賃借物の通常損耗や経年変化（劣化）の修繕費用は、賃貸人の負担である（賃借人の原状回復義務の対象外である）と明記されました。費用負担に関しては、巻末添付の賃貸トラブルガイドラインに記載した負担区分が参考になります。

　しかし、これは任意規定であるため、賃貸借契約の特約として、これらの費用を賃借人の負担とする条項を設けることができます。この条項を賃貸借契約に設けることができれば、賃貸人は通常損耗や経年変化により発生する費用を負担する必要がなくなります。

　しかし、この条項は賃借人にとって不利な条項ですので、どのような費用が賃借人の負担となるのかを明確にする必要があります。そのため、単に「通常損耗と経年変化により生じる費用は賃借人の負担と

する」という条項を契約に盛り込むだけでは不十分であり、より具体的に賃借人が負担する費用の内訳を示さなければなりません。

さらに、賃借人にとって過度な費用負担となる場合には、条項自体が無効になる可能性があります。そのため、賃借人にとって重過ぎる負担にならないように配慮する必要があります。

なお、通常損耗や経年変化により生じる費用の例として、破損していない畳の交換費用、フローリングの色落ち、フローリングのワックスがけ、家具による床やカーペットのへこみ、がびょうを用いたことによる壁の穴、台所やトイレの消毒などが考えられます。これらの中から、賃借人に負担してもらう費用を選択することになります。

■ 賃貸人に有利な契約内容の特約の例

【賃貸人に有利な契約条項を置く場合の注意点】
・賃借人に契約条項に関する説明を行う必要がある
・賃借人が金額を負担する場合には、その金額を明示しなければならない
（例）中途解約条項において、賃借人による中途解約の際に賃貸人が違約金を徴収する場合
　　⇒あまりに高額にすると、消費者契約法により無効になることがある

【賃貸人に有利な特約の種類】
　　⇒借地借家法や消費者契約法などに違反しないことが必要

①通常損耗や経年変化により生じたキズや汚れの修繕費用を賃借人に負担させる特約
②賃貸借契約を更新する際の更新料の特約
③賃貸人が負担する修繕義務や必要費償還義務を回避する特約
④賃借人の造作買取請求権を排除する特約
⑤賃借人の有益費償還請求権を排除する特約
⑥賃料を増額するための特約

5 公正証書で契約書を作成することもある

公正証書を用いなければならない契約もある

● 公正証書には「執行受諾文言」の記載を忘れずにする

　公正証書とは、公証人という特殊の資格者が、当事者の申立てに基づいて作成する文書で、一般の文書よりも強い法的な効力が認められています。公証人は、裁判官・検察官・弁護士といった法律実務経験者や一定の資格者の中から、法務大臣によって任命されます。裁判官経験者が比較的多いようです。公正証書は一定の要件を備えれば、債務名義（強制執行の根拠となる債権の存在・内容を証明する文書）になります。そして、債務名義になる公正証書は、これに基づいて強制執行（債務者が債務を履行しない場合に裁判所や執行官への申立てによって行われる強制的に権利を実現する手続き）を行うことが可能です。公正証書のこのような効力を執行力といいます。

　ただ、どんな契約書でも公正証書にすれば債務名義になるわけではありません。①請求内容が一定額の金銭の支払いなどの給付であること、②債務者が「債務を履行しない場合には強制執行を受けても文句は言わない」ことを承諾する記載をしていることが必要です。②の記載を執行受諾文言または執行認諾約款といいます。執行受諾文言は、公正証書に基づいて強制執行を行うためには欠かすことのできない文言ですから、忘れずに入れてもらうようにしましょう。

● 公正証書には何が記載されているのか

　作成された公正証書の正本に記載される内容は、公証人法によって定められています。具体的には、①全文、②正本であることの記載、③交付請求者の氏名、④作成年月日・場所が記載されます。

このうち、契約内容などが記載されているのは①の全文です。公正証書の正本に記載される全文は２つのパートから成り立っています。

　１つ目のパートには、具体的な内容が記載されます。この記載を本旨といいます。具体的な内容とは、公証人が嘱託人（または嘱託人の代理人）から聞き取り、それを録取した契約や事実関係に関する部分のことです。つまり、嘱託人が公正証書に記載してもらいたい内容として伝えた内容を、実際に公証人が聞き取って記載したものです。不動産の賃貸借であれば、貸主や借主、存続期間、賃料といった賃貸借契約の内容のことをさします。

　もう１つのパートには、具体的な内容でなく、公正証書を作成する際の形式について記載されます。この記載を本旨外記載事項（本旨外

■ 公正証書の作成、執行文の付与などに必要な手数料

（2019年2月現在）

	目的の価額	手数料	
法律行為に関する証書の作成	100万円以下	5,000円	
	200万円以下	7,000円	
	500万円以下	11,000円	
	1,000万円以下	17,000円	
	3,000万円以下	23,000円	
	5,000万円以下	29,000円	
	1億円以下	43,000円	
	1億円超～3億円以下56,000～95,000円、3億円超～10億円以下106,000円～249,000円、10億円を超える場合には249,000円に5,000万円までごとに8,000円を加算する			
その他	私署証書の認証	11,000円 （証書作成手数料の半額が 下回るときはその額）	外国文認証は 6,000円加算
	執行文の付与	1,700円	再度付与等1,700円加算
	正本または謄本の交付	1枚　250円	
	送　　　達	1,400円	郵便料実費額を加算
	送 達 証 明	250円	
	閲　　　覧	1回　200円	

要件）といいます。本旨外記載事項については、公証人法により記載すべき事項が決まっています（次ページ図）。

● 公証役場で手続きをする

　公正証書を作成するには、公証役場へ行きます。わからない場合には、日本公証人連合会（03-3502-8050）に電話をすれば教えてもらえます。契約当事者が一緒に公証役場に出向いて、公証人に公正証書を作成することをお願いします（これを嘱託といいます）。事前の相談や連絡は、当事者の一方だけでもできますが、契約書を公正証書にする場合には、契約当事者双方が出向く必要があります。

　ただし、実際に本人が行かなくても代理人に行ってもらうことは可能です。公証役場では、まず当事者に人違いがないかどうかを確認します。公証人自身が当事者と面識があるような特別のケースを除き、多くの場合は、本人確認のために発行後3か月以内の印鑑証明書と実印を持参することになります。

　公正証書で契約書を作成する場合の手数料の金額は前ページの図のように、目的の価額によって決まります。賃貸借契約の場合、賃料に契約期間を掛けた額を2倍したものが目的の価額となります。

● 公正証書にする契約と公正証書にするのが望ましい契約

　借地権のうち事業用定期借地契約は、公正証書による契約の締結が義務づけられています（借地借家法23条）。その他の賃貸借契約は、公正証書による契約の締結までは義務づけられていませんが、公正証書は一定の要件を備えれば債務名義になるため、貸主は賃貸借契約書を公正証書にすることで、借主が家賃を支払わない場合、訴訟をすることなく借主の財産に強制執行を行い、家賃の回収ができます。

　一定の賃貸借契約については、公正証書にした方がよいものがあります。たとえば、一般定期借地契約や定期借家契約は、更新せずに土

地や建物を返還してもらうため、公正証書にした契約書の原本を公証役場に保管してもらうのがよいでしょう。一般定期借地契約や定期借家契約を結ぶ際には、書面を作成しなければなりませんが、公正証書の作成は要求されていません。ただ、長期に渡る契約を結ぶことが多いので、契約書の紛失の危険を防ぐことができます。一般定期借地契約や定期借家契約の公正証書については、以下の点に注意します。

・更新がない旨の記載

一般定期借地契約や定期借家契約を結ぶ目的は、更新をせずに明け渡してもらう点にあるため、更新・明渡しをめぐるトラブルを避けるため、公正証書にも「更新がない」ことを必ず明記します。

・執行認諾約款を置き、確実に賃料を回収できるようにする

賃料の確実な回収も公正証書作成の目的ですから、公正証書を債務名義にするため、執行認諾約款を明記するようにします。

■ 本旨外記載事項（本旨外要件）

①	証書の番号
②	嘱託人の住所・職業・氏名・年齢（法人の場合はその名称・事務所）
③	代理人による嘱託の場合はその旨、代理人の住所・職業・氏名・年齢
④	嘱託人または代理人の氏名を知り、かつ面識があるときはその旨
⑤	第三者の許可または同意があるときは、その旨およびその事由、第三者の住所・職業・氏名・年齢（法人の場合はその名称・事務所）
⑥	印鑑証明書の提出その他の方法で人違いでないことを証明させ、または証明書を提出させて証書の真正を証明させたとは、その旨およびその事由
⑦	代理人による嘱託の場合で、公証人が保存する書類で証書の真正が証明できるときは、その旨およびその事由
⑧	急迫な場合で人違いでないことを証明させることができない場合は、その旨
⑨	立会人を立ち合わせたときは、その旨およびその事由、立会人の住所・職業・氏名・年齢
⑩	作成の年月日・場所

6 借地契約の変更・解除・更新をめぐる法律と書式

条件の変更や解約・更新時には書面で通知する

● 借地条件の変更・解約

　長期間にわたる借地契約（建物所有目的の土地賃貸借）においては、存続期間（契約期間）の途中で、賃料の増減や建物の増改築など借地条件が変更されることも少なくありません。借地条件の変更について当事者の合意が成立した場合には、トラブルにならないように合意書を作成しておくとよいでしょう。合意が成立しない場合には、借地人は裁判所に対して借地条件の変更許可を申し立てることができます。

　また、借地権の無断譲渡または借地の無断転貸が行われた場合、地主は借地契約を解除することができます。ただし、当事者間の信頼関係を破壊するに至らない場合は、借地契約の解除が認められません。

● 借地契約の終了と更新について

　借地権の存続期間が満了しても、借地上に建物がある場合で、借地人が契約の更新を請求したとき、あるいは土地の使用を継続するときは、原則として、それまでと同一の条件で契約を更新したとみなされます。地主が契約の更新を拒絶するためには、地主が自ら土地を使用する必要性がとくに高いなどの「正当事由」が認められなければなりません。借地人に立退料を支払うことや、代わりの土地を提供することなども「正当事由」を認めるための要素になります。実際には、地主の更新拒絶はなかなか認められません。

　一方、期間満了に伴い借地契約が終了して土地を返さなければならないが、借地上に建物が残っている場合や、借地権の譲渡や借地の転貸を地主が拒絶した場合、借地人は、地主に対して建物買取請求権を

行使することができます。なお、賃料滞納や無断譲渡・無断転貸などの債務不履行（契約違反）を理由に地主が契約を解除した場合は、借地人の建物買取請求は認められません。借地契約の更新については、以下のような場合があります。

① **合意更新**

地主と借地人との間で話し合いの上、借地契約を更新することをいいます。実際には、合意更新によって借地契約が更新される場合が多いようです。そして、合意更新の場合には、借地人がいくらかのお金を更新料として地主に支払うのが一般的です。

② **使用継続による更新（法定更新）**

借地契約の期間満了後、借地上に建物が存在し、借地人が土地を使用し続けており、地主がこれを放置している場合は、自動的に契約が更新されます。使用継続による更新が成立した場合、借地契約は従前と同じ条件で更新されることになります。

③ **借地人からの請求（更新請求）**

借地人から積極的に契約更新を求める場合です。借地人からの更新請求は、「借地契約の期間が満了したこと」「借地上に建物があること」「借地人が期間満了前または期間満了後すぐに地主に契約更新を請求したこと」が要件となっています。借地契約の更新を請求したいときは「今後も土地を借り続けたい」と地主に伝えます。

④ **建物の再築**

借地上に借地人が建てた建物が、借地契約の存続期間の途中で滅失したため、借地人が地主の承諾を得て建物を再築した場合、借地契約の残存期間が20年未満であっても、原則として、借地契約が地主の承諾後20年間に延長されます。なお、最初の契約期間中であれば、借地人は地主の承諾がなくても、建物の再築が可能です（20年間の延長はありません）。しかし、契約更新後は、地主の承諾または裁判所の許可がなければ、借地人は建物の再築ができません。

7 借家契約の更新・解約・変更・敷金をめぐる法律と書式

敷金の返還や更新料は後にトラブルにならないようにすることが大切

● 家主や借家人の変更について

　家主の死亡や建物の譲渡などによって家主が替わった場合であっても、借家人の権利にとくに影響はありません。建物を使用収益させることは家主が誰であってもできることですし、借家人にとっても建物の使用収益ができれば問題ありませんから、家主の変更について借家人の承諾は必要ないのです。

　一方、借家人が賃借権を第三者に譲渡し、または建物を転貸（また貸し）するには、原則として家主の承諾を得る必要があります。家賃をきちんと支払うか、家を乱暴に扱わないかといったことは、借家人の人柄にかかってくるからです。契約締結の際に保証人（多くの場合は連帯保証人）を立ててもらうのは、借家人が契約を守らなかった場合に備えるためです。

● 無断譲渡・無断転貸はどんな場合に許されるのか

　賃借権の無断譲渡や建物の無断転貸は、契約解除の理由のひとつですが、当事者間の信頼関係を基礎とする賃貸借契約では、信頼関係が破壊されないかぎり、契約解除はできないと考えられています。このことを信頼関係破壊の法理といいます。

　たとえば、兄弟や親戚の面倒を見るために一時的に借家に同居させた場合、無断転貸を理由として、借家契約を解除されるとしたら行き過ぎです。建物の常識的な範囲の利用は信頼関係の破壊とは認められません。実際の裁判では、信頼関係が破壊されたかどうかを判断する際には、譲り受けた人の経済的事情、譲り渡した人との関係、人柄な

どを総合して判断します。

● 存続期間がある借家契約の更新

借家契約は2年あるいは3年といった存続期間（契約期間）が決められていますが、存続期間が満了しても、引き続き契約を継続することができます。これを「契約の更新」といいます。契約の更新をすると、同一の条件で建物を借り続けることができます。

借地契約と同様、借主側（借家人）を保護するため、存続期間がある借家契約は更新されやすいようになっています。存続期間が満了しても、期間満了の6か月前までに家主から借家人に更新拒絶の通知をしないと、従前と同一の条件で更新したとみなされます。

さらに、家主が更新を拒絶するには、家主側に「正当事由」が認められることが必要です。正当事由の有無の判断は、借家人に不利にならないように、家主が建物を使用する必要性といった事情を中心に考慮し、「従前の経過」や「建物の利用状況や現況」も考慮されます。従前の経過とは、期間満了を迎えた借家契約の契約成立時から期間満了時までの状況のことです。具体的には、賃料の支払状況や当事者の関係などが考慮されます。家主が立退料の支払いを申し出たときは、立退料も正当事由の判断に加味します。

● 更新料とはどんなものか

アパートなどの賃貸借契約書を見てみると、多くの場合「契約期間は2年間とする」といった条項が記載されています。そして、契約更新の際に、借家人が家主に支払う一時金を「更新料」といいます。

更新料に関する法律上の規定はありませんが、更新料特約の効力については、更新料には賃料の補充や前払い、契約を継続するための対価といった複合的な性質があり、その支払いに合理性がないとはいえないことを理由に、賃料や契約更新期間に照らして高額すぎるなど特

段の事情がない限り、更新料特約は無効にはならないとする最高裁判例があります。この訴訟では、1年ごとに2か月分の更新料を取る契約条項が不当に高額ではないかが問題とされましたが、そのような契約条項も有効と判断されています。

　この最高裁判例を基準に考えれば、賃料の2か月分程度であれば、不当に高額ではないと判断され、更新料の請求が認められると考えられます。もっとも、高額すぎる更新料は無効と判断されるので、要求する更新料の金額には注意しなければならないでしょう。

◉ 家賃滞納を理由とする契約解除について

　借家人は、決められた期限までに、月々の家賃を家主に支払う義務があります。1か月分の家賃滞納があっただけで、すぐに契約を解除できるわけではありません。まずは、借家人に「○月○日までに滞納分を支払うように」と催促し、その期限までに支払いがなかった場合に、はじめて契約を解除できるのです。

　ただ、3か月分以上の家賃滞納があるような場合は、もはや家主と借家人との信頼関係が保たれない状況といえます。そのような場合には、家賃の支払いを催促しなくても、いきなり契約を解除できるとする特約（無催告解除特約）を定めておくことも可能です。賃貸借契約は双方の信頼関係に基づくものですから、信頼関係が壊れた場合には、すぐにでも契約関係を解消するのが望ましいからです。

◉ 敷金の返還

　契約終了後、借家人に敷金を先に返したが、借家から一向に立ち退かないというトラブルがあります。このトラブルの発生は、契約書の条項があいまいであることが原因といわれています。敷金は建物の明渡し後に返還することを契約書に明記しておくべきでしょう。2017年の改正民法では、敷金の返還時期について、原則として借家を明け渡

した後であることが明記されました。

　契約解除の際によく問題となるのが、敷金（または保証金）の返還をめぐる問題です。敷金は、借家人の未払家賃などの支払いを担保するため、家主にあらかじめ預けておく金銭です。借家の明渡しを受けた後、家主は、預かった敷金の全額を借家人に返還するのが原則です。ただし、①家賃の滞納分、②原状回復費用に限って、家主が敷金から差し引くことができます。

　①については、家賃の滞納分に対する遅延損害金（契約に定めがない場合、改正民法の施行後は年利３％）も含まれます。

　②の原状回復費用は、借家人が壁や建具を壊した場合の修理代などです。原状回復費用を借家人と家主のどちらが負担するのかをめぐっては、トラブルの発生が多いところです。契約書に明確に記載しておくことが大切です。

● 契約で使用目的が決められる

　借家契約の場合、周囲の環境や建物の構造、家主の意向などによって、使用収益の目的が契約書に明記されます。契約書に書かれた目的とは異なる目的で建物を使用収益することは、契約違反として許されません。たとえば、居住目的に部屋を借りているにもかかわらず、勝手に店舗や事務所などの事業目的に部屋を使えば契約違反です。

　ただし、あらかじめ家主の承諾を得て、使用収益の目的を変更することは可能です。その際、家賃の値上げや権利金を要求されることがあるかもしれません。変更を認めてもらう条件として納得できる金額であるかどうか、慎重に検討する必要があるでしょう。

　その他、事業用の建物賃貸借であっても、原則として借地借家法の対象になりますが、事業用の建物賃貸借にもいろいろな形態がありますから、建物の使用方法や事業の形態によっては、借地借家法の適用が否定されるケースも出てきます。たとえば、デパートの地下の一角

を借りて惣菜店を出している場合、借地借家法の適用を認めるのは難しいでしょう。この場合、テナントが、デパートから一方的に、場所の変更や契約解除を主張されるケースが多いようです。

● 有益費とは

　建物の外壁をペンキで塗り替えたとします。ペンキで塗り替えたことにより、建物の外観がよくなり、耐久性も向上しますから、その建物は「改良」されたことになります。この場合のペンキ塗り替えの費用など、目的物の改良に要した費用を有益費といいます。

　改良は「元の状態よりも良くすること」なので、有益費は、不動産の維持管理に必要な「必要費」とは異なります。契約終了後、借家が家主に返ってきた場合、その借家は改良分の価値が増していることになります。家主としては、借家人の支出額または目的物の価値の増加分のいずれかを選択し、借家人に支払わなければなりません。

● 造作買取請求権とは

　借家人が家主の承諾を得て借家に取りつけた造作は、契約終了後、家主に時価で買い取ってもらうことができます。これを造作買取請求権といいます。

　造作とは、建物に取り付けられたもので、建物の使用価値を増すものをいいます。取り付けられたものが造作ですから、家具や柱時計など、単に建物内に置いてあるにすぎないものは、造作に該当しません。造作であると認められるものは、冷暖房設備、雨戸、ふすま、障子、電気・ガス・水道の設備、飾戸棚などです。

　ただし、借家人の造作買取請求権は、特約によって排除することができます。そのため、実際の借家契約においては、造作買取請求権を排除するとの条項が設けられているのが一般的です。

第2章

借地契約についての書式

書式1 土地賃借権の設定契約書

収入印紙

土地賃貸借契約書

　○○○○（以下、「甲」という）と○○○○（以下、「乙」という）は、甲が所有する土地（以下、「本件土地」という）について、以下のとおり賃貸借契約を締結した。

第1条（契約の目的） 甲は、本件土地上の建物（以下「本件建物」という）の所有を目的として、乙に本件土地を賃貸し、乙はこれを賃借する。

第2条（存続期間） 本契約の存続期間は平成○○年○月○日から平成○○年○月○日までの○○年間とする。

第3条（賃料） 乙は、甲に対して、本件土地の賃料として、月額○○万円を、毎月末日までに、その翌月分を甲が指定する銀行口座に振り込むものとする。

第4条（保証金） 乙は、甲に対し、延滞賃料その他本契約に関して生ずる乙の債務を担保するため、保証金として金○○万円を交付する。

2　乙は、保証金返還請求権と甲に対する債務とを相殺することができない。

3　本契約の終了により、乙が本件土地を甲に返還した場合において、甲は、保証金から乙の未払債務額を差し引いた上で、乙に返還する。この場合、返還すべき金員には利息を付さない。

4　乙は、保証金返還請求権を第三者に譲渡し、又は担保に供してはならない。

第5条（増改築等） 乙は、本件建物を増改築することができない。ただし、甲の書面による承諾がある場合はこの限りではない。

第6条（賃借権の譲渡・転貸） 乙は、本契約に基づく賃借権を第三者に譲渡し、又は本件土地を転貸することができない。ただし、甲の書面による承諾がある場合はこの限りではない。

第7条（契約の解除） 乙が以下のいずれかにあたる行為をした場合には、甲は、直ちに本契約を解除することができる。
　① 賃料の支払を3か月以上滞納したとき
　② 甲に無断で、本件建物を増改築したとき
　③ 甲に無断で、本契約に基づく賃借権を譲渡し、又は本件土地を転貸したとき
　④ その他本契約の規定に反する行為をしたとき

第8条（原状回復義務） 本契約が終了したときは、乙は、自己の費用で本件土地を原状に復し、これを甲に返還しなければならない。

2　前項の土地の返還が遅延した場合には、乙は、甲に対し、遅延した期間に応じて、賃料の○倍に相当する額の遅延損害金を支払わなければならない。

第9条（更新） 本契約は、甲乙の協議により、更新することができる。

2　更新する場合の存続期間は、最初の更新については、更新の日から○○年間とし、その後の更新については○○年間とする。

3　本契約を更新する場合は、乙は甲に対し、更新後の新賃料の○か月分を更新料として支払う。

第10条（連帯保証人） ○○○○（以下、「丙」という）は、本契約に基づいて生ずる乙の債務について、乙と連帯して支払う義務を負う。

第11条（管轄裁判所） 本契約に関して生じた紛争については、甲の住所地を管轄する地方裁判所又は簡易裁判所を第一審の管轄裁判所とする。

第12条（協議） 本契約に定めのない事項については、甲乙は、誠意をもって協議し、解決することとする。

　以上のとおり契約が成立したことを証するために、本書2通を作成し、甲乙記名押印の上、各自1通を保有する。

記

〈本件土地の表示〉
　所　　在　○○区××○丁目
　地　　番　○○番○○
　地　　目　宅地

地　　積　○○.○○㎡

〈本件建物の表示〉
　　所　　在　○○区××○丁目○○番地○
　　家屋番号　○○番○
　　種　　類　○○
　　構　　造　○○
　　床面積　○○.○○㎡

平成○○年○月○日
　　　　　　　　　　　　東京都○○区××○丁目○番地
　　　　　　　　　　　　　甲（貸主）○○○○　㊞
　　　　　　　　　　　　東京都○○区××○丁目○番地
　　　　　　　　　　　　　乙（借主）○○○○　㊞
　　　　　　　　　　　　東京都○○区××○丁目○番地
　　　　　　　　　　　　　丙（連帯保証人）○○○○　㊞

アドバイス　①本例は借地権の設定（建物所有目的の土地賃貸借）に関する基本的な契約書式です。
②借地権の存続期間は原則として30年ですが、30年より長い期間を契約で定めることができます。しかし、30年より短い期間を定めても効力をもたず、この場合は存続期間が30年になります。なお、民法改正によって、賃貸借契約の存続期間（契約期間）が改正前の最長20年から「最長50年」へと大幅に伸長されました。一方、借地権の存続期間は借地借家法が適用されますので、従来どおり最短30年です（最長期間の制限はありません）。
③借地権の存続期間が満了しても、借地上に建物がある場合は、借地人が契約の更新を請求したとき、または借地人が継続して土地を使用しているときに、前の契約と同一の条件で契約を更

新したとみなします。地主が異議を唱えて更新を拒絶するためには、正当事由がなければなりません。借地権の更新後の期間は原則として更新の日から10年（最初の更新は20年）ですが、これより長い期間を契約で定めることができます。しかし、これより短い期間を定めても効力をもたず、その場合は存続期間が10年（最初の更新は20年）になります。

④賃料については、その金額と支払方法を明記します。また、保証金（敷金）については、返還時期や返還方法を規定しておきます。

⑤借地上の建物の増改築禁止については（第5条）、貸主の承諾を得られない場合でも、借主は、裁判所に対して、増改築の許可を求めることが可能です（借地借家法17条2項）。

⑥不動産の賃貸借契約においては、賃借人の賃料その他の債務を担保するため、連帯保証人をつけるのが一般的です（第10条）。

⑦借地権が存在していることを借地契約関係のない第三者に主張するには、本来ならば借地権の登記が必要です。しかし、借地権の登記をするためには貸主である地主の協力が必要とされているので、実際には困難です。そこで借地借家法では、土地の賃借権について登記がなくても、借地上に建物を建てて、借主（借地人）名義で「建物の登記」をすることで、借地権を第三者にも主張できるようにしています。

■ 借地契約についての法律上の規制

	普通借地権	定期借地権			
		一般	事業用		建物譲渡特約付
借地権の存続期間	30年以上	50年以上	10年以上30年未満	30年以上50年未満	30年以上
契約の終了	存続期間満了＋正当理由	存続期間満了	存続期間満了	存続期間満了	借地権の建物を譲渡したとき
契約の方式	法律上は口頭でも可	公正証書などの書面で契約	契約書を必ず公正証書にする		法律上は口頭でも可

書式2　地上権設定契約書

収入印紙

地上権設定契約書

　○○○○（以下、「甲」という）と○○○○（以下、「乙」という）は、甲所有の後記土地（以下、「本件土地」という）について、乙を地上権者とする地上権設定契約を以下の内容で締結した。

第1条（**目的**）本契約により乙に設定される地上権は、乙の建物所有を目的とする。

第2条（**期間**）本契約による乙の地上権は、平成○○年○月○日から平成○○年○月○日までの30年間を存続期間とする。

第3条（**地代等**）地代は1か月あたり金○○○円とする。乙は、毎月末日までに、翌月分を○○銀行○○支店普通○○○○に振り込むものとする。手数料は乙が負担する。

2　本契約を締結するにあたって乙は、敷金として金○○○○円を甲に交付する。

3　本契約を締結するにあたって乙は、権利金として金○○○○円を甲に交付する。乙は、契約終了時に当該権利金の返還を要求しないものとする。

4　経済事情の変動、公租公課の増減、近隣相場等の諸事情に照らし地代の額が不相当と判断されるに至った場合、甲は地代の増額を請求することができる。乙は、正当な理由がない限り、これを拒むことはできない。

第4条（**増改築**）乙は、事前に書面による甲の承諾を得なければ、本件土地上の建物を増築することはできない。

第5条（**地上権の消滅**）以下の事由が発生したときは、甲の請求により

乙の地上権は当然に消滅するものとする。
① 地代の支払いを3か月以上怠ったとき
② 第4条に違反したとき
③ 乙が不渡処分、滞納処分、強制執行を受け、又は競売、破産、民事再生手続の申立てがあったとき
④ その他本契約の条項の一にでも違反したとき

第6条（更新等）本契約は、平成○○年○月○日をもって終了する。ただし、乙が更新の申込みをしたときは、更新することができる。

2 更新後の存続期間は、甲と乙の協議により定める。

3 契約を更新する場合、乙は甲に対して更新料を支払わなければならない。更新料の額は、本件土地の更地価格の○○％を基準とする。

第7条（収用等による解約）土地収用等に基づき本件土地が収用等されることによって、乙の建物所有に支障が生ずるときは、乙は本契約を解約することができる。

第8条（原状回復）本契約の終了に際しては、更新される場合を除き、乙は本件土地を原状に復した上で、契約終了期日に返還しなければならない。

2 乙の返還が遅滞した場合、乙は甲に対し、契約終了の翌日から明渡日まで1日あたり金○○○○円の損害金を支払わなければならない。

第9条（合意管轄）本契約に関する紛争について訴訟を提起するときは、甲の住所地を管轄する地方裁判所又は簡易裁判所を第一審の管轄裁判所とする。

第10条（協議）本契約に関して疑義が生じた場合は、甲と乙の協議によって解決する。

以上のとおり契約が成立したことを証するために、本書2通を作成し、甲乙記名押印の上、各自1通を保有する。

平成○○年○月○日

　　　　　　　　　　　東京都○○区××○丁目○番○号
　　　　　　　　　　　　甲　○○○○　㊞
　　　　　　　　　　　東京都○○区××○丁目○番○号
　　　　　　　　　　　　乙　○○○○　㊞

　　　　　　　　　　記

〈本件土地の表示〉
　所　　在　○○区××○丁目
　地　　番　○○番地○
　地　　目　宅地
　地　　積　○○.○○㎡

アドバイス

①地上権とは、工作物（建物、電柱、鉄塔など）または竹木を所有するため他人の土地を利用する権利ですが、建物所有を目的とする地上権は「借地権」として借地借家法の制限を受けます。

②借地権の存続期間は、契約に定めがなくても30年です。30年未満の定めは効力をもたず、このときは存続期間が30年となります。

③本例では、更新後の存続期間は甲乙の協議で定めるとしていますが（第6条第2項）、10年（最初の更新は20年）未満とする定めは効力をもたず、このときは10年（最初の更新は20年）となる点に注意が必要です。

④権利金は、一般に返還されませんが、返還しない旨を明示しておけば、後日のトラブルを回避することができます。

⑤契約更新の請求がなかったとしても、建物が土地上にあり、地上権者が土地の利用を継続しているときは、土地所有者が正当な事由に基づく異議を述べない限り、契約は更新されます。

書式 3　分譲マンション建設のための地上権の設定契約書

　　　　　　　　　　地上権設定契約書

　○○○○（以下、「甲」という）と株式会社○○不動産（以下、「乙」という）は、以下の事項を内容とする地上権設定契約を締結した。

第1条（目的）本契約に基づく地上権は、後記物件目録に記載されている甲所有の土地（以下、「本件土地」という）について、乙が後記物件目録に記載されているマンション（以下、「本件マンション」という）を所有するために設定する。

第2条（分譲による地上権譲渡）甲は、乙が本件マンションを完成後、各専有部分とともに、それに係る持分割合の地上権を第三者に譲渡することを承諾する。

2　前項の場合、甲は、購入者との間で地上権設定契約の書面を作成することを承諾する。その場合、契約の内容は、各持分割合に応じて本契約と同一とする。

3　各専有部分に係る地上権の持分割合は、別添の割合表に従う。

第3条（登記）甲は、乙又は乙から本件マンションの専有部分を購入した者のために、地上権設定の登記手続をなす義務を負う。

2　前項にかかる費用は、乙又は乙から本件マンションの専有部分を購入した者が負担する。

第4条（期間）本契約に基づく地上権の存続期間は、平成○○年○月○日から平成○○年○月○日までの50年間とする。ただし、当事者双方は協議の上、契約を更新することができる。

2　契約が更新される場合、最初の更新による存続期間は20年とし、それ以後の更新は10年を存続期間とする。

第5条（権利金）本契約の締結に際し、乙は甲に対し、権利金として金○○○○円を支払う。

2　前項の権利金については、契約終了後、その返還を求めないものとする。

第6条（地代）地代は、1か月金○○○○円とする。

2　地代は、毎月末日限り翌月分を甲の指定する銀行口座に振込みの方

法により支払うものとする。
3　乙が本件マンションの専有部分とともに地上権を第三者に譲渡した場合、その購入者が支払うべき地代は、下記のとおりとする。

記

101	○○○○円	201	○○○○円	301	○○○○円
102	○○○○円	202	○○○○円	302	○○○○円
103	○○○○円	203	○○○○円	303	○○○○円
105	○○○○円	205	○○○○円	305	○○○○円

4　経済事情の変動、公租公課の増減、近隣相場等の諸事情に照らして不相当と認められる場合、甲は地代の増額を請求することができる。

第7条（解除等）　地代が3か月以上支払われなかった場合、甲は、遅滞者との地上権設定契約を解除することができる。

2　地代の支払いが遅滞された場合、遅滞者は甲に対し年6％の割合による損害金を支払うものとする。

第8条（建物の買取）　前条により本契約が終了する場合、甲は、乙又は乙から本件マンションの専有部分を購入した者が所有する本件マンションの専有部分を買い取ることができる。この場合、甲が買取代金を支払った日をもって、本件土地の明渡しがなされたものとみなす。

2　前項の買取価格は、地上権のない場合の価格を基準とする。ただし、当事者双方で合意に達しなかったときは、不動産鑑定士の鑑定による。

3　甲は、当該建物買取代金債権と、乙又は乙から本件マンションの専有部分を購入した者に対する未払地代債権とを、対当額にて相殺することができる。

第9条（合意管轄）　本契約に関する紛争については、甲の住所地を管轄する地方裁判所又は簡易裁判所を第一審の管轄裁判所とする。

以上のとおり契約が成立したことを証するために、本書2通を作成し、甲乙記名押印の上、各自1通を保有する。

記

〈本件土地の表示〉
　所　　在　○○区××○丁目

地　　番　〇〇番〇〇
　　　地　　目　宅地
　　　地　　積　〇〇.〇〇㎡

〈本件建物の表示〉
（一棟の建物の表示）
　　　所　　在　〇〇区××〇丁目〇〇番地〇
　　　構　　造　鉄筋コンクリート造陸屋根６階建
　　　床 面 積　１階　〇〇.〇〇㎡
　　　　　　　　２階ないし３階　各〇〇.〇〇㎡

平成〇〇年〇月〇日
　　　　　　　　　　　東京都〇〇区××〇丁目〇番地〇号
　　　　　　　　　　　　（甲）〇〇〇〇　　㊞
　　　　　　　　　　　東京都〇〇区××〇丁目〇番地〇号
　　　　　　　　　　　　（乙）株式会社〇〇不動産
　　　　　　　　　　　　代表取締役　〇〇〇〇　㊞

アドバイス

①地上権付きのマンションが分譲された場合、購入者が取得する地上権の持分割合は、購入した専有部分の床面積の割合に応じて設定されるのが通常です。マンション管理規約で異なる割合が設定されることもあります。
②原則として各専有部分（住戸）の所有者が地上権の持分割合によって地代を負担することになります。もっとも、それとは異なる内容を契約で定めることも可能です。そのときは各専有部分の所有者が負担する地代の額を明記する必要があります。
③購入者は、分譲者と土地所有者間の契約を引き継ぎます。
④地上権の場合、賃借権と異なり土地所有者である地上権設定者の承諾がなくても有効に譲渡することができます。ただ、地上権設定者の承諾を明記しておくと、無用のトラブルを回避できます。

書式 4　自己借地権の設定契約書

収入印紙

土地賃貸借契約書及び自己借地権設定契約書

　〇〇〇〇（以下、「甲」という）と〇〇〇〇（以下、「乙」という）は、別添物件目録に記載されている甲所有の土地（以下、「本件土地」という）について、甲を賃貸人、甲及び乙を賃借人とする土地賃貸借契約を締結する。

第1条（目的）甲と乙は、別添物件目録に記載された建造物（以下、「本件マンション」という）の所有を目的として、本契約を締結する。

第2条（賃借権の準共有）甲は、本契約に基づく賃借権を乙と準共有し、甲の持分割合を〇〇〇分の〇〇〇、乙の持分割合を〇〇〇分の〇〇〇とする。

第3条（賃料）乙は、賃料として1か月につき金〇〇〇〇円を甲に支払う。

2　前項の賃料は、経済情勢の変動、公租公課等の増減、近隣の賃料等に照らして不相当と認められるに至ったときは改定することができる。

3　乙は、翌月分の賃料を毎月末日までに以下の銀行口座に振り込むものとする。

〇〇銀行〇〇支店　普通〇〇〇〇〇〇〇
口座名義人　〇〇〇〇

第4条（期間）本契約の存続期間は平成〇〇年〇月〇日を起算日として30年間とする。

第5条（賃借権の譲渡）乙は、甲の事前の承諾を得なければ、賃借権を第三者に譲渡することができない。

2　前項の承諾を得る場合、乙は、賃料の〇か月分に相当する金額を承諾料として甲に支払うものとする。

第6条（契約解除）以下に掲げる各号の一にでも該当する事由が生じた

場合、甲は催告なくして本契約を解除することができる。
① ３か月以上賃料の支払いを怠ったとき
② 乙において不渡処分、滞納処分、強制執行等がなされたとき
③ 第５条に違反したとき
④ その他本契約の条項の一にでも違反したとき

第７条（明渡し）本契約が終了したときは、乙は、直ちに本件土地を甲に返還しなければならない。

２　乙が直ちに返還しない場合、乙は契約終了後から明渡日までの日数に応じ、賃料の倍額に相当する損害金を支払わなければならない。

第８条（売渡請求）本契約が終了する際に本件マンションが存立しているときは、甲は乙に対し、乙所有の専有部分を甲に売り渡すよう請求することができる。

２　前項の場合の代金額は、借地権のない建物としての評価を基準として決定する。ただし、乙が異議を述べた場合には、不動産鑑定士の鑑定による。

３　前項の鑑定費用は乙の負担とする。

第９条（協議）甲及び乙は、誠実に、この契約を履行するものとし、この契約に定めのない事態が生じたときや、この契約各条項の解釈につき疑義を生じたときは、相互に、誠意をもって協議解決する。

第10条（合意管轄）本契約に関して訴訟を提起する場合は、甲の住所地を管轄する地方裁判所又は簡易裁判所を第一審の管轄裁判所とする。

　以上のとおり契約が成立したことを証するために、本書２通を作成して、甲乙記名押印の上、各自１通を保有する。

〈物件目録〉
土地・建物に関する表示省略

平成〇〇年〇月〇日

東京都〇〇区××〇丁目〇番〇号

　　　　　　　　　　　　　　　甲　○○○○　㊞
　　　　　　　　　東京都○○区××○丁目○番○号
　　　　　　　　　　　　　　　乙　○○○○　㊞

アドバイス

①本契約は、土地所有者が借地権付きマンションを自ら建設し、それを第三者に販売するとともに、自らも当該マンションの区分所有権を取得する場合を想定しています。このような場合、土地所有者は、自らに対しても借地権（自己借地権）を設定することになります。

②自己借地権とは、その土地の所有者が建物を建てた場合に、自分自身のことを「借地人」として定めることです。民法上は自己借地権が認められませんが、所有するマンションを借地権付きで分譲する場合などに不都合が生じるため、借地借家法15条で例外的に認めています。ただし、自己借地権が認められるには、当該借地権を第三者と準共有していることが必要です（本契約の第2条を参照）。自己借地権は登記ができないので、建物の登記によって借地権の対抗要件を備えます。

③賃貸借契約が終了すると、マンションの区分所有者は、権限なくして土地上にマンションを所有していることになります。この場合、土地所有者は、マンションの区分所有者に対して、土地の明渡しを請求することができますが、その明渡請求に代えて、区分所有者に対しマンションの区分所有権を自己に売り渡すように請求することができます。

④本契約の土地利用権原は賃借権ですから、マンションの区分所有者は、賃貸人である借地権設定者（土地所有者）の承諾がなければ、自己所有の専有部分に係る借地権を第三者に譲渡することはできないのが原則です。もっとも、借地権設定者に不利になるおそれがない場合、借地人の申立てにより裁判所が借地権設定者の承諾に代わる許可を与えることができます。

書式 5　定期借地権の設定契約公正証書

```
収入印紙
```

定期借地権設定契約公正証書

　本公証人は、当事者の嘱託により、その法律行為に関する陳述の趣旨を録取し、この証書を作成する。

第1条（定期借地権の設定）貸主〇〇〇〇（以下「甲」という）は、借主（以下「乙」という）に対して、下記の土地を賃貸し、乙は、建物所有のみを目的としてこれを借り受け、以下の条項により借地借家法第22条に規定する定期借地権設定契約（以下「本契約」という）を締結する。

記

　　所　　在　東京都〇〇区××〇丁目
　　地　　番　〇〇番〇
　　地　　目　〇〇
　　地　　積　〇〇.〇〇㎡

第2条（存続期間と更新）本契約の存続期間は、平成〇〇年〇月〇日から平成〇〇年〇月〇日までの50年間とする。
2　本契約は、これを更新しないものとする。前項の期間が満了する場合及びその期間が満了した後、乙が本件土地の使用を継続する場合にも、乙は契約の更新を請求することができない。
3　前項において、その期間満了6か月前につき、乙に対して、甲は、期間の満了により本契約が終了する旨を書面によって通知するものとする。

第3条（賃料と支払方法）賃料は1か月、金〇〇万円とする。

2　乙は、毎月○日までに翌月分を甲の指定する銀行口座に送金してこれを行う。ただし、甲の住所地に持参することを妨げない。

第4条（賃料の増額請求） 前条の場合において、賃料が経済事情の変動、公租公課の増額、近隣の賃料との比較等により、不適当となったときは、甲は、契約期間中であっても、賃料の増額の請求をすることができる。

第5条（借地権の譲渡等） 乙は、書面による甲の承諾を得ずに、本契約に基づく借地権を譲渡し、又は本件土地を転貸してはならない。

第6条（契約の解除） 甲は、乙が次の各号の一に該当したときは、直ちに本契約を解除することができる。

① 第3条に定める賃料の支払を3か月分以上遅延したとき
② その他本契約に違反したとき

2　前項の事由において甲につき、損害が生じた場合には、乙は甲に対し、損害賠償責任を負うこととする。

第7条（建物再築） 第2条の期間の満了前に、本件建物が滅失した場合は、たとえ乙が新たに建物を築造したときでも、本契約は期間満了により当然に終了するものとする。

第8条（契約終了における明渡し） 乙は、本契約が終了したときは、直ちに本件土地を原状に復して甲に明け渡さなければならない。

2　乙は、本契約が終了した場合において、前項の明渡しが完了するまでの間、日額○○○○円の損害金を支払うこととする。

第9条（建物買取請求の禁止） 乙は、甲に対し、本契約終了のときに、本件建物その他の乙における土地に付属せしめた物の買取りを求めることを行ってはならない。

第10条（立退料請求の禁止） 乙は、本件土地の明渡しの際に、甲に対し、移転料その他の名目で、これに類する一切の金銭上の請求をしてはならない。

第11条（執行認諾約款） 乙は、本契約上の金銭債務を履行しないときは、直ちに強制執行に服するものとする。

第12条（公正証書の作成）甲及び乙は、本契約の内容につき、公正証書を作成することに合意し、公正証書の作成にかかる費用については、甲乙は折半により負担するものとする。

第13条（協議事由）当契約書に定めのない事項は、甲乙、協議の上、別途、定めることとする。

第14条（合意管轄）本契約において、当事者の権利関係に紛争が生じた場合、甲の住所地の管轄地方裁判所又は簡易裁判所を第一審裁判所とすることに甲乙双方は合意する。

以上

〈以下本旨外要件、当事者の署名欄、省略〉

アドバイス

①長期の借地契約では、土地を貸す際に貸主は高額の権利金を要求するのが一般的です。しかし、それでは短い期間だけ、安い資金で土地を借りたいという人には利用しづらいものといえます。そこで借地借家法で定期借地権の制度が認められています。定期借地権とは、契約の更新が認められない借地権のことです。これによって借地の利用の幅を広げる効果があります。定期借地権には「一般定期借地権」「事業用定期借地権」「建物譲渡特約付借地権」がありますが、本契約は一般定期借地権の設定を目的としています。

②一般定期借地権には次のような特徴があります。ⓐ契約の更新、建物再築による存続期間の延長がなく、契約終了時の借地人からの建物買取請求も排除されます。ⓑ契約期間は50年以上であることが必要です。50年に満たない期間を定めた場合には、通常の借地権としての効力が認められることになります。ⓒ定期借地権を設定する契約は、借地人の権利に重大な制限を加える契約のため、公正証書などの書面によって行わなければなりません。

書式 6　事業用定期借地権の設定契約公正証書

[収入印紙]

事業用定期借地権設定契約公正証書

　本公証人は、当事者の嘱託により、その法律行為に関する陳述の趣旨を録取し、この証書を作成する。

第1条（本件契約の目的） 賃貸人○○株式会社（以下「甲」という）は賃借人○○株式会社（以下「乙」という）に対して、下記記載の土地（以下「本件土地」という）を、借地借家法第23条に規定する事業用定期借地権設定契約（以下「本件契約」という）によって賃貸する。
2　乙は、本件土地を○○事業の用に供する下記記載の建物（以下「本件建物」という）を所有する目的で、借地権の設定を行う。

（本件土地）
　　所　　在　　東京都○○区××○丁目
　　地　　番　　○○番○
　　地　　目　　宅地
　　地　　積　　○○.○○㎡

（本件建物）
　　所　　在　　東京都○○区××○丁目○○番○
　　家屋番号　　○○番○
　　種　　類　　事務所
　　構　　造　　○○
　　床面積　　　○○.○○㎡

第2条（事業のために使用することの合意） 甲は、乙に対し、乙が前条2項の目的に使用するために本件土地を賃貸し、乙はこれを借り受けることに合意する。

第3条（本件契約の契約期間と更新）本件契約の契約期間は、平成○○年○月○日から平成○○年○月○日までの15年間とする。
2　乙の本件土地使用の継続いかんにかかわらず、前項の期間が満了した場合、本件契約は終了する。
3　本件契約は、これを更新しないものとする。前項の期間が満了する場合及びその期間が満了した後、乙が本件土地の使用を継続する場合にも、乙は契約の更新を請求することができない。
第4条（賃料と支払方法）本契約に基づく賃料は、1か月につき金○○万円とする。
2　賃料の支払方法につき、乙は、毎月末日限り翌月分を甲の指定する銀行口座に送金する方法でこれを行うこととする。賃料の持参は、これを受け付けないものとする。
3　甲は、前項の賃料が公租公課の増額その他経済事情の変動等により近隣土地の地代に比較して不相当となったときは、賃料の増額を請求することができる。
第5条（借地人の義務）乙は、事前の甲の書面による承諾を得た場合を除き、本契約に基づく賃借権の譲渡ないし本件土地の転貸をなし、又は本件建物に増改築を施してはならない。
第6条（建物の滅失）第3条の期間満了前に乙が本件建物が滅失した場合においては、本件契約は直ちに終了することとする。その際、生じた損害を乙は甲に支払わなければならない。
第7条（契約の解除）甲は、乙が次の各号の一に該当したときは、直ちに本件契約を解除することができる。
　①　3か月分以上の賃料の支払いを怠ったとき
　②　その他本件契約の条項に違反したとき
2　前項の事由において、甲に損害が生じた場合には、甲は乙に対し、損害賠償請求することができる。
第8条（原状回復義務）本件契約が終了したときは、乙は、直ちに建物を収去し、本件土地を原状に復し、これを甲に明け渡さなければならない。
2　甲は、原状に復していないと判断した場合には、乙に対し、原状回復についての異議を申し出ることができ、乙はその指示に従うことと

する。

3 乙は、本件契約終了に際し、甲に対し本件建物その他の工作物の買取りを請求できないものとする。

第9条（損害金） 乙は、本件契約終了後、本件土地の明渡し完了まで、１日につき、金〇〇〇〇円の損害金を支払わなければならない。

第10条（立退料等請求禁止） 乙は本件契約終了の場合、甲に対して、本件土地の明渡しを原因とした移転料、立退料その他いかなる名称にかかわらずそれらに類する金銭的要求をしてはならない。

第11条（裁判合意管轄） 甲及び乙は、本件契約に関する当事者間の紛争については、甲の住所地を管轄する地方裁判所又は簡易裁判所を第一審の管轄裁判所とすることに合意する。

第12条（協議事由） 当契約書に定めのない事項は、甲乙、協議の上、別途、定めることとする。

以上

本旨外要件

住　所　　　東京都〇〇区××〇丁目〇番〇号
賃貸人　　　〇〇株式会社
住　所　　　東京都〇〇区××〇丁目〇番〇号
上代表取締役　〇〇〇〇　㊞
　　　　　　昭和〇年〇月〇日生

上記の者は印鑑証明書を提出させてその人違いでないことを証明させた。

　住　所　　　東京都〇〇区××〇丁目〇番〇号
　賃借人　　　〇〇株式会社
　住　所　　　東京都〇〇区××〇丁目〇番〇号
　上代表取締役　〇〇〇〇　㊞
　　　　　　　昭和〇年〇月〇日生

上記の者は印鑑証明書を提出させてその人違いでないことを証明させた。
下記列席者に閲覧させたところ、各自その内容の正確なことを承認し、次に記名押印する。

　〇〇〇〇　㊞

○○○○　㊞

　この証書は、平成○○年○月○日、本公証役場において作成し、次に記名押印する。

　　　　　　　　　　　　東京都○○区××○丁目○番○号
　　　　　　　　　　　　　　○○法務局所属
　　　　　　　　　　　　　　公証人　　○○○○　㊞

　この正本は、平成○○年○月○日、賃貸人○○○○の請求により本職の役場において作成した。

　　　　　　　　　　　　　　○○法務局所属
　　　　　　　　　　　　　　公証人　　○○○○　㊞

アドバイス

① 事業用定期借地権の設定は必ず公正証書によって行います。事業用定期借地権とは、土地を居住用として用いず、事業を行うために貸し借りする際の権利です。事業用定期借地権の存続期間は、10年以上50年未満ですが、「30年以上50年未満」であるか「10年以上30年未満」であるかによって、契約で定めておくべき内容が異なります。

② 「30年以上50年未満」とする場合は、契約更新がなく、建物再築による存続期間の延長もなく、建物買取請求権も排除されることを公正証書に明記しなければなりません。これらの明記がないときは通常の借地権となります。なお、建物譲渡特約付借地権をあわせて設定することは可能です。

③ 「10年以上30年未満」とする場合は、30年未満で設定できる借地権が事業用定期借地権だけなので、事業用である旨を明記すれば、上記3つの内容を明記しなくても、当然に契約更新がなく、建物再築による存続期間の延長もなく、建物買取請求権も排除されます。ただ、不要のトラブルを避けるため、本例の第3条第3項、第6条、第8条第3項のように明記するのが一般的です。

書式7 建物譲渡特約付借地権の設定契約書

收入印紙

建物譲渡特約付借地権設定契約書

　賃貸人○○株式会社（以下、「甲」という）と賃借人○○株式会社（以下、「乙」という）は、甲が所有する後記土地（以下、「本件土地」という）について、借地借家法第24条に規定する建物譲渡特約付借地権（以下、「本件借地権」という）の設定契約を締結する。

第1条（契約の目的）甲は乙に対し本件土地上に建築する後記建物（以下、「本件建物」という）の所有を目的として、本件土地を賃貸し、乙はこれを賃借する。
2　本件借地権は、本件建物を相当の対価で、乙が甲に譲渡することにより消滅する。
第2条（建物の種類等）本件建物の種類、構造、規模及び用途は、本件建物の表示のとおりのものとする。
2　乙は、本件土地上に、前項に定める種類、構造、規模及び用途以外の建物を建築してはならない。
3　乙は、借地権の存続期間中、本件建物を良好な状態で保全するよう努めなければならない。
第3条（期間）本件借地権の存続期間は、平成○○年○月○日から40年間とする。
第4条（賃料）賃料は1か月金○○万円とし、乙は毎月末日限り翌月分を甲が指定する銀行口座に振込みによって支払う。
2　前項の規定にかかわらず、賃料が、経済事情の変動、地価の変動、公租公課の増額等によって近隣の賃料と比較して不相当となったときは、甲は乙に対し賃料の増額を請求することができる。
第5条（建物の増改築等）乙は、本件土地上の建物について増改築等をするときは、あらかじめ、書面によって甲の承諾を得なければならない。

2　前項の増改築した建物についても、本契約の建物譲渡特約の対象とする。

第6条（借地権の譲渡等）乙は、書面による甲の承諾を得ずに、本件借地権を譲渡し、又は本件土地を転貸してはならない。

第7条（建物譲渡特約）乙は、本件借地権の設定後40年を経過した時点で、甲に対し本件建物を相当の価額で譲渡し、甲はこれを買い受ける。この対価は時価とする。

2　前項の相当の価額については、本件建物の時価を基準にして、甲及び乙が協議して定めるものとし、甲乙間の協議が調わない場合には、甲が選任した不動産鑑定士の鑑定評価によるものとする。

3　本件建物の所有権は、甲から乙に対して第1項の譲渡請求の意思表示をしたときに、甲に移転する。

4　前項の所有権移転後、本件建物の所有権移転登記及び本件建物の引渡しと同時に、甲は乙に対し第1項の相当の価額を支払うものとする。

第8条（契約の解除）乙が次の各号の一に該当するとき、甲は乙に対し何ら催告をせず本契約を解除することができる。

① 賃料の支払いを3か月分以上怠ったとき
② 第5条第1項及び第2項に違反したとき
③ 第6条に違反したとき
④ その他乙につき本契約を継続し難い重大な背信行為があったとき

第9条（合意管轄）本契約に関する紛争については、本件土地の所在地を管轄する地方裁判所又は簡易裁判所を第一審の管轄裁判所とすることに甲乙双方は合意した。

第10条（協議）本契約に定めのない事項又は本契約の規定の解釈につき疑義がある事項については、甲及び乙は、民法その他の法令等に従い、双方誠意をもって協議し、解決する。

　上記契約の成立を証するため、本契約書2通を作成し、記名押印の上、各自1通を保有する。

平成〇〇年〇月〇日

　　　　　　　　　　　　　　東京都〇〇区××〇丁目〇番〇号
　　　　　　　　　　　　　　甲（賃貸人）〇〇株式会社
　　　　　　　　　　　　　　代表取締役　　〇〇〇〇　㊞
　　　　　　　　　　　　　東京都〇〇区××〇丁目〇番〇号
　　　　　　　　　　　　　　乙（賃借人）〇〇株式会社
　　　　　　　　　　　　　　代表取締役　　〇〇〇〇　㊞

　　　　　　　　　　　記

〈本件土地の表示〉
　　所　　在　〇〇区××〇丁目
　　地　　番　〇〇番〇
　　地　　目　〇〇
　　地　　積　〇〇.〇〇㎡

〈本件建物の表示〉
　　所　　在　〇〇区××〇丁目〇〇番地〇
　　家屋番号　〇〇番〇
　　種　　類　〇〇〇〇
　　構　　造　〇〇〇〇
　　床面積　　〇〇.〇〇㎡

アドバイス　建物譲渡特約付借地権は定期借地権の一種です。書面の作成は義務付けられていませんが、本例のような契約書を作成するのが一般的です。一般定期借地権とあわせて設定する場合は書面に、事業用定期借地権とあわせて設定する場合は公正証書にすることが必要です。建物譲渡の特約が目的ですので、本書式例の第7条に記載のように、建物譲渡の条件について、詳細に定める必要があります。なお、借地権の設定契約書は課税文書であるため、収入印紙の貼付が必要です。

書式 8　一時使用目的の借地権設定契約書

収入印紙

　　　　　　　　一時使用借地権設定契約書

　賃貸人○○株式会社（以下、「甲」という）と賃借人○○株式会社（以下、「乙」という）は、甲が所有する土地（以下、「本件土地」という）について、以下の条項に従って借地借家法第25条に基づく一時使用目的の土地賃貸借契約を締結する。

第１条（本契約の目的）本契約は、甲所有の本件土地につき、乙に対し本件土地を一時使用目的のために賃貸し、乙はこれを賃借する。

第２条（本契約の存続期間）本契約の存続期間は、平成○○年○月○日から平成○○年○月○日までの○か月間とする。

２　前項の期間は、乙が、東京都○○区××○丁目○番地で建設工事を行い、工事が完了するまでの期間であり、本件土地上の建物は、同建設工事現場のプレハブの詰所として使用するものであるから、同建設工事が完了するまでは、存続期間の延長ができるものとする。

第３条（賃料）本件土地の賃料は、月額○○万円とし、乙は、甲に対して、毎月○日までに、その翌月分を甲が指定する銀行口座に振り込んで支払う。

第４条（使用目的の制限）乙は、本件土地を建設工事現場の詰所の設置場所としてのみ使用し、その他の目的に使用しない。

第５条（契約の解除）以下の各号に掲げる事由が乙に存する場合、甲は、催告なくして直ちに本契約を解除することができる。
　①　第３条に定める賃料の支払を２か月分以上遅延したとき
　②　その他本契約に違反したとき

第６条（立退料等の不請求）乙は甲に対し、本契約終了後、本件土地を明け渡すに際し、立退料その他名目の如何を問わず金銭の交付その他一切の財産上の給付を請求しないものとする。

第７条（原状回復義務）本契約が終了する際、本件土地内に乙の工作物又は残置物等が存在する場合、乙は、自己の費用をもってこれを撤去

し、本件土地を原状に復して甲に返還する。
第8条（合意管轄） 本契約において、当事者の権利関係に紛争が生じた場合、甲の住所地を管轄する地方裁判所又は簡易裁判所を第一審裁判所とすることに甲乙双方が個々に合意する。
第9条（協議） 本契約に定めのない事項又は本契約の規定の解釈について疑義がある事項については、甲及び乙は、民法その他の法令及び慣行に従い、誠意をもって協議し、解決する。

以上、本契約の成立を証するため、本書を2通作成し、甲乙各自1通を保有するものとする。

平成〇〇年〇月〇日

　　　　　　　　　　　　　　　　東京都〇〇区××〇丁目〇番〇号
　　　　　　　　　　　　　　　　甲（賃貸人）〇〇株式会社
　　　　　　　　　　　　　　　　　代表取締役〇〇〇〇　㊞
　　　　　　　　　　　　　　　　東京都〇〇区××〇丁目〇番〇号
　　　　　　　　　　　　　　　　乙（賃借人）〇〇株式会社
　　　　　　　　　　　　　　　　　代表取締役〇〇〇〇　㊞

〈本件土地の表示〉
　　所　　在　〇〇区××〇丁目
　　地　　番　〇〇番〇
　　地　　目　〇〇
　　地　　積　〇〇.〇〇㎡

アドバイス
①本書式は、一時使用目的で借地権を設定する場合の契約書です。
②一時使用とは、賃貸借の目的や期間、地上建物の種類や設備などから、契約を短期間で終えることが客観的に判断できる場合を意味します。本書式では第2条第2項で明示しています。

書式9 資材置き場の賃貸借契約書

収入印紙

資材置場用地賃貸借契約書

○○○○（以下、「甲」という）と株式会社○○建設（以下、「乙」という）は、後記土地（以下、「本件土地」という）について、甲を賃貸人、乙を賃借人として賃貸借契約を締結する。

第1条（目的）甲は、乙に建築用資材置場として利用させることを目的として、その所有する後記土地（以下、「本件土地」という）を乙に賃貸する。

第2条（期間）本契約の期間は平成○○年○月○日から平成○○年○月○日までの1年間とする。ただし、甲乙双方の協議により更新することができる。

2　前項により更新された場合、1年を期間とする本契約と同一内容の契約が締結されたものとする。

第3条（賃料）賃料は、月額金○○○○円とする。

2　賃料の支払いは、毎月末日限り翌月分を甲の指定する以下の銀行口座へ振り込むものとする。

　　○○銀行○○支店　普通口座○○○○○○○　口座名義人　○○○○

第4条（管理）乙は、善良なる管理者の注意義務をもって本件土地を利用しなければならない。また、甲及び近隣に迷惑を及ぼすような利用をしてはならない。

第5条（禁止事項）乙は、他の目的のために本件土地を使用してはならない。

2　乙は、本件土地に建物その他の工作物を設置し、又は原状に変更を加えることはできない。

3　乙は、本件土地に対する賃借権を第三者に譲渡し、又は本件土地を転貸してはならない。

第6条（解除）以下に掲げる各号の一にでも該当する事由が生じた場合、

直ちに本契約を解除することができる。
① 3か月分の賃料の支払いを怠ったとき
② 第4条に違反したとき
③ 第5条に違反したとき
④ 乙に仮差押、仮処分、強制執行の申立てがなされたとき

第7条（原状回復義務等） 本契約終了後、乙は直ちに本件土地を原状に復した上で、甲に明け渡さなければならない。

2 乙が直ちに返還しない場合、乙は契約終了後から明渡日までの日数に応じ、賃料の倍額に相当する損害金を支払わなければならない。

第8条（協議） 本契約に定めのない事態が生じたときや、本契約の各項の解釈について疑義が生じた場合、甲及び乙は、相互に誠意をもって信義誠実の原則に従い協議して解決するものとする。

第9条（合意管轄） 本契約に関する訴訟は、甲の住所地を管轄する地方裁判所又は簡易裁判所を第一審の管轄裁判所として提起するものとする。

以上のとおり契約が成立したことを証するために、本書2通を作成し、甲乙記名押印の上、各自1通を保有する。

平成○○年○月○日

　　　　　　　　　　　東京都○○○区××○丁目○番○号
　　　　　　　　　　　　甲（賃貸人）○○○○　　㊞
　　　　　　　　　　　東京都○○○市○○○町○○○番地
　　　　　　　　　　　　乙（賃借人）株式会社○○建設
　　　　　　　　　　　　　代表取締役　　○○○○　㊞

　　　　　　　　　　記

〈本件土地の表示〉
　　所　　在　○○区××○丁目
　　地　　番　○○番○
　　地　　目　○○
　　地　　積　○○.○○㎡

アドバイス

①本書式例は、資材置き場として土地を利用する場合の賃貸借契約です。建物所有を目的とした賃貸借ではないので、借地借家法の規定は適用されません。したがって、契約期間が満了すれば、賃貸人が自ら使用するなどの正当事由がなくても、契約更新がない限り、賃借人は、契約目的物の土地を返還しなければならないことになります。

②そこで、契約を締結する際には、借地借家法の適用がないことを明らかにするために、資材置き場として利用する目的であることを明示します（第1条）。そして、建物などの設置を禁止しておくことが大切です（第5条第2項）。

③契約期間を明示することも必要です。資材置場として利用させるのであれば比較的短期の期間を設定するのがよいでしょう。更新の可能性を認めるのかについても記載します（第2条）。本契約のように建物所有目的ではない短期の土地賃貸借契約では、権利金などの交付はなされないことが多いようです。

④土地の利用について、賃借人の一般的な義務を明記しておけば、利用上の問題が生じたときに、契約の解除原因とすることができます。

⑤第4条の善良なる管理者の注意義務（善管注意義務）とは、賃借人として通常期待されている程度の一般的な注意義務のことです。

⑥第6条の仮差押とは、金銭債権の強制執行をするまでの間に債務者の財産を確保するために行う手続きのことです。仮処分とは、債務者の金銭債権以外の財産を保全するために、債権者の申立てによって行う手続きのことです。強制執行とは、判決が確定した場合などに国家（裁判所）によって行われる債権者の請求権を強制的に実現する手続きのことです。強制執行には金銭債権（たとえば貸金債権）を実現するための金銭執行と、金銭債権以外の債権（たとえば不動産の明渡し請求権）を実現するための非金銭執行があります。金銭執行には、強制執行の対象が動産の場合（動産執行）、不動産の場合（不動産執行）、債権の場合（債権執行）の3種類があります。

書式10 駐車場の賃貸借契約書

収入印紙

駐車場賃貸借契約書

賃貸人〇〇株式会社(以下、「甲」という)と賃借人〇〇株式会社(以下、「乙」という)は、次のとおり、駐車場賃貸借契約を締結する。

第1条(本契約の目的)本契約は、甲が乙に対し、甲の所有する土地上に設置された下記駐車場(以下、「本件駐車場」という)の別紙添付図面で赤で囲まれた場所を自動車2台の保管場所として使用させることを目的とする。

第2条(双方合意)本契約において、前条の目的により、本件駐車場を甲は賃貸し、乙がこれを借り受けることを双方がここに合意した。

第3条(有効期間)本契約の有効期間は、本契約成立の日から2年間とする。

第4条(賃料とその支払い)賃料は1か月金〇万円とし、乙が、甲の銀行口座に振込みの方法により行うこととする。ただし、乙が甲に持参することを妨げない。

2 賃料は、毎月末日限り翌月分を支払うこととする。

3 甲は、施設の改善もしくは、一般物価の変動等により、第1項に表示した賃料の額に改定を必要とする場合は、改定することができる。この場合、乙は、その内容に一切の異議申立てを行わない。

第5条(敷金)甲は、乙から、本契約成立時において、敷金として金〇万円(月額賃料の1か月分)を受領することとする。

2 甲は、本契約終了後、乙が本件駐車場を完全に明け渡した後、甲に対する乙の未払債務の弁済に敷金を充当し、なお残額が存する場合に限り、その残額を乙に対し償還するものとする。

3 敷金には利息を付さない。

第6条(使用上の制限)乙は、甲に事前に届け出た車両以外のものを入庫させることはできない。

2　乙は、甲の申入れに基づき、第2条に定める駐車専用部分の変更に応じなければならない。

第7条（事故の防止及び責任）乙は、駐車場施設への車両の出入庫には、徐行を励行し歩行者の安全に留意するとともに、事故の防止に努めなければならない。

2　乙は、駐車場施設内で、自動車による事故を発生させた場合は、速やかに甲に届け出るとともに、その事故により生じた損害等について、乙の責任と負担でこれを処理解決するものとする。

第8条（賃貸人の免責事由）甲は、その責めに帰すべからざる事由、その他の不可抗力によって、駐車場にある乙の自動車に何らかの損害が生じたとしても、これについて何ら責任を負わないものとする。

第9条（契約解除）甲乙双方は、少なくとも3か月前の予告をもって、この契約を解除することができる。

2　前項の場合においては、乙は予告に代え、3か月分の賃料相当額を甲に支払って即時に解除することができる。

3　乙が本契約条項の一に違反したときは、甲は何らの催告を要せず、直ちに本契約を解除することができる。

第10条（駐車場の明渡し）本契約の終了後、乙は、直ちに自動車を移動し、かつ残留品を撤去して本件駐車場を原状に復してこれを甲に明け渡すこととする。

2　前条の場合において、その引き上げに遅滞あるときは、乙は、甲に対し契約終了の日の翌日から明渡しの完了に至るまで、1日につき金○○○○円の損害金を支払わなければならない。

第11条（合意管轄）甲乙双方は、本契約に関し、紛争が生じた場合は、甲の住所地を管轄する裁判所を第一審裁判所とすることに合意する。

第12条（協議）本契約において定めのない事項は、甲乙双方が協議の上、別途、定めることとする。

　上記契約の成立を証するため、本契約書2通を作成し、記名押印の上、各自1通を保有する。

平成○○年○月○日

東京都○○区××○丁目○番○号
甲（賃貸人）○○株式会社
代表取締役○○○○　㊞
東京都○○区××○丁目○番○号
乙（賃借人）○○株式会社
代表取締役○○○○　㊞

〈本件駐車場の表示〉
　所在　東京都○○区××○丁目
　地番　○○番○
　専用区画
　　　　○○駐車場のうち第○番と第○番の駐車専用部分
　乙の使用自動車
　　　　車両名　　○○○○
　　　　車両番号　○○○○
　　　　車両所有者名　○○○○
〈添付図面については省略〉

アドバイス

①駐車場の賃貸借は、建物所有を目的としないので、借地借家法の適用はありません。

②駐車場の賃貸借の場合は、貸し出すスペースについて契約書に明記します（第1条）。

③契約の有効期間（第3条）や賃料（第4条）、敷金（第5条）、賃貸人の免責事由（第8条）などを規定する他、駐車場の所在地や専用区画、賃借人の使用自動車も明示します。

④本書式例は、駐車施設（建物）ではなく土地の賃貸借契約書であるため、契約書に収入印紙の貼付が必要です。なお、賃料や将来返還が予定されている敷金は契約金額に含まれません。

書式11 地役権の設定契約書

私道用土地通行地役権設定契約書

　承役地所有者○○○○を甲、要役地所有者○○○○を乙として、甲乙両者間において以下のとおり、通行地役権設定契約を締結する。

第1条（本契約の目的） 甲は、その所有する後記記載の土地（以下「本件承役地」という）上に、乙が所有する後記記載の土地（以下「本件要役地」という）から公路に至る通行に利用する目的で、乙に対し通行地役権を設定する。

第2条（設定登記の期日） 甲は、乙のために第1条に定める地役権設定登記手続を平成○○年○月○日までに行うことを要する。

第3条（地役権設定の対価） 第2条に定める地役権の設定登記申請と同時に、乙は、甲に対し地役権設定の対価として金○○万円を一時金として支払うものとする。

第4条（通行料の支払方法） 乙は、甲に対し、本件承役地の通行料として下記金額を下記方法によって支払う。
　① 　金額　　　　毎月　金○○○○○円
　② 　支払金額　　甲指定の金融機関への振込み

第5条（通行料の増額請求） 近隣の地価の変動に応じ、甲は乙に対し前条の通行料の増額を求めることができる。

第6条（地役権の附従性） 乙が本件要役地を譲渡するときは、本契約上の地役権も本件要役地の譲受人に移転するものとする。

第7条（存続期間） 本件地役権の存続期間は、本契約締結の日から20年間とする。

２　契約期間満了時に、双方から何らの意思表示のない場合には、同一の条件で地役権が設定されたものとし、以後も同様とする。

第8条（契約解除） 乙が第4条に定める通行料の支払いを怠り、その他契約上の義務に違反した場合は、甲は相当の期間を定めた催告の上、

本契約を解除することができる。なお、損害があるときは乙に対しその賠償を請求することができる。

第9条（誠実協議） 本契約に定めのない事項については、民法その他の法律、規則、及び取引の一般的慣行に従い、甲乙双方、誠意をもって協議し、その解決に努めるものとする。

第10条（合意管轄） 本契約に関し、紛争が生じたときは、甲の所在地を管轄する○○地方裁判所又は○○簡易裁判所を第一審の専属的合意管轄裁判所とすることに合意する。

　上記契約がここに成立したことを証するため、甲乙双方が記名押印する。また、本契約書を２通作成し、甲乙各自１通を保有する。

平成○○年○月○日

　　　　　　　　　　　　　　東京都○○区××○丁目○番○号
　　　　　　　　　　　　　　甲　○○○○　㊞
　　　　　　　　　　　　　　東京都○○区××○丁目○番○号
　　　　　　　　　　　　　　乙　○○○○　㊞

《土地の表示》

①本件承役地

所在	地目	地積	備考
東京都○○区××○丁目○番○号	宅地	○○.○○㎡	○○○○○○

②本件要役地

所在	地目	地積	備考
東京都○○区××○丁目○番○号	宅地	○○.○○㎡	○○○○○○

アドバイス　①地役権とは、「一定の目的に従って他人の土地を自分の土地の利益のために利用する権

利」をいいます。自分の土地をより有効に利用するために、他人の土地を使用する権利のことです。この「一定の目的」は、自由に定めることができます。たとえば、道路に面していない土地上の建物に住んでいる場合には、道路に出るために隣地を通らなければなりません。他人の土地を通行するには、他人の土地を借りて通行するという方法や、袋地（公道に接していない土地）の場合は囲繞地通行権を主張する方法も考えられます。

②通行することが目的であれば、通行地役権を設定してもらうのが現実的です。通行地役権とは、地役権の一種で、他人の土地内の通行を目的とした地役権をいいます。通行地役権を取得すると、他人の土地を通行することが可能になります。そして、その承役地の所有者は、通行を妨げる行為をしてはいけません。

③通行地役権を設定する際に、通行料の支払を要件とする必要はありません。無償で通行地役権を設定することは可能です。もちろん、通行料の支払を要件とする通行地役権を設定することもできます。通行料の額は、承役地と要役地の所有者間の合意で決められます。その際の基準について、承役地の固定資産税など、諸般の事情を考慮して決定されます。

④通行地役権では、通路を開設することが多いようです。その場合、開設費用と管理費用の負担についても規定するとよいでしょう。

⑤　地役権設定契約書は印紙税の課税対象とはされていないので、収入印紙の貼付は不要です。

■ 通行地役権

通行地役権	通行のために他人の土地を通行できる権利の設定 ⇒契約・時効・相続により設定可能
効　力	他人の土地を通行できる ⇒通行の妨害に対しては、妨害排除請求・妨害予防請求が可能
通行料	支払いは要件ではない（無償も可能）

書式12 通路の賃貸借契約書

土地賃貸借契約書

収入印紙

　○○○○（以下「甲」とする）と○○○○（以下「乙」とする）は、別添物件目録に記載されている甲所有の道路状の土地（以下「本件土地」とする）について、以下の内容で賃貸借契約を締結する。

第1条（目的）本契約は、乙が本件土地を通路に使用することを目的とし、甲を賃貸人、乙を賃借人として締結する。

第2条（賃料）賃料は、年額金○○○○円とする。

2　乙は、毎年12月末日限り翌年分の賃料を、甲の住所地に持参するか又は送金して支払う。

第3条（期間）本契約の期間は、平成○○年○月○日から平成○○年○月○日までの○○年間とする。ただし、甲乙間の協議により、更新することができる。

2　契約が更新された場合、契約期間は○○年とする。以後の更新についても同様とする。

第4条（禁止事項）乙は、本件土地を他の目的に使用することができない。

2　乙は、本件土地上に工作物を設置してはならない。

3　乙は、事前に甲の書面による承諾がなければ、本賃借権を第三者に譲渡し、又は本件土地を転貸することはできない。

第5条（管理費）本件土地の管理に必要とされる通常の費用は、乙が負担するものとする。

第6条（契約解除）以下の各号に掲げる事由の一が生じたとき、甲は催告なくして、本契約を解除することができる。

　①　賃料支払いを1回でも怠ったとき
　②　第4条に違反したとき
　③　その他甲乙間の信頼関係を破壊する事情が生じたとき

第7条（協議）甲及び乙は、本契約の履行について疑義を生じたときは、

相互に誠意をもって協議し、解決するものとする。
第8条（合意管轄）　本契約に関する訴訟の提起は、甲の住所地を管轄する地方裁判所又は簡易裁判所にすべきものとする。

　以上のとおり契約が成立したことを証するために、本書2通を作成し、甲乙記名押印の上、各自1通を保有する。

平成○○年○月○日

　　　　　　　　　　　　　　東京都○○市○○町○丁目○番○号
　　　　　　　　　　　　　　　（甲）○○　○○　㊞
　　　　　　　　　　　　　　東京都○○市○○町○丁目○番○号
　　　　　　　　　　　　　　　（乙）○○　○○　㊞

アドバイス

①通路使用を目的とする賃貸借契約には、借地借家法は適用されません。他人の土地を通路として使用するための方法には、地役権の設定がありますが、承役地の所有者に重い負担を負わせることになるので、多くの場合は賃貸借契約が締結されます。

②契約終了による明渡しを円滑にするためにも、通路使用の目的は契約書に明記する必要があります（第1条）。管理費の負担を賃借人とすることもできます（第5条）。

③賃料については、その金額と支払方法を明記します（第2条）。

④借地借家法が適用されない賃貸借契約の存続期間（契約期間）は、更新後の存続期間を含めて、上限が50年（改正民法の施行前は20年）となっています（第3条）。

⑤土地賃借権の設定契約書は課税文書であるため、契約書に収入印紙を貼付する必要があります。

書式13 土地の使用貸借契約書

土地使用貸借契約書

　○○○○（以下、「甲」という）と○○○○（以下、「乙」という）は、別紙土地目録記載の土地（以下、「本件土地」という）について、使用貸借契約を以下の内容にて締結した。

第1条（使用貸借）甲は、乙が本件土地を無償で使用することを承諾する。

第2条（目的）本契約は、乙が別紙建物目録記載の建物（以下、「本件建物」という）を所有するために締結された。

第3条（期間）本契約の期間は平成○○年○月○日から平成○○年○月○日までの15年間とする。

2　前項の期間の終了により本契約に基づく使用借権は当然に消滅し、更新はなされないものとする。

第4条（禁止事項等）乙は、本契約に基づく使用借権を第三者に譲渡し、又は本件土地を転貸することはできない。

2　乙は、本件建物を増改築することができない。本件建物を修繕する場合は、事前に甲の承諾を求めなければならない。

第5条（解除）乙について、以下の各号に掲げる事由の一が生じたときは、甲は催告なくして、本契約を解除することができる。

① 第4条に違反したとき
② 甲の信頼を損なう事由が生じたとき
③ その他本契約に違反したとき

第6条（契約の終了）乙が死亡した場合、本契約は当然に終了する。

2　本件建物が損壊した場合、第3条第1項に定める期間の満了前であっても、本契約は終了する。

第7条（原状回復）本契約が終了したときは、乙は本件建物を収去し、本件土地を原状に復した上で、遅滞なく甲に対し返還する。

第8条（協議）本契約の履行について疑義を生じた場合、甲及び乙は、信義誠実の原則に従い協議して解決するものとする。

第9条（合意管轄）本契約に関する訴訟は、甲の住所地を管轄する地方裁判所又は簡易裁判所を第一審の管轄裁判所とする。

以上のとおり契約が成立したことを証するために、本書2通を作成し、甲乙記名押印の上、各自1通を保有する。

平成○○年○月○日

　　　　　　　　　　　　　　東京都○○区××○丁目○番○号
　　　　　　　　　　　　　　　（甲）○○　○○　㊞
　　　　　　　　　　　　　　東京都○○区××○丁目○番○号
　　　　　　　　　　　　　　　（乙）○○　○○　㊞

〈本件土地の表示〉
　　所　　在　○○区××○丁目
　　地　　番　○○番○○
　　地　　目　宅地
　　地　　積　○○.○○㎡
〈本件建物の表示〉
　　所　　在　○○区××○丁目○○番地○
　　家屋番号　○○番○
　　種　　類　○○
　　構　　造　○○
　　床 面 積　○○.○○㎡

アドバイス

①建物所有を目的とする土地利用の契約であっても、使用貸借契約には借地借家法は適用されません。したがって、貸主が契約の目的となる土地を第三者に譲渡した場合、借主は当該土地の使用権を主張できません。
②土地使用貸借契約では無償であることを明確にします（第1条）。
③契約期間（第3条）だけでなく使用目的も明示しておけば、契約の終了時期が明確になります。使用借権の譲渡や土地の転貸だけでなく、建物の増改築の禁止も可能です（第4条2項）。
④　土地の使用貸借契約書は印紙税の課税対象とはされていないので、収入印紙の貼付は不要です。

Column

借地契約と立退料

　借地契約の場合も、借家契約と同様に、地主（貸主）に事情があって契約の更新を拒絶したい場合には、立退料の支払いという問題が生じます。

　地主が更新を拒絶したい場合、まず更新拒絶の申入れを行います。申入れ後も借地人（借地権者）が土地の使用を続けている場合には、地主は直ちに異議を述べることが必要です（異議を述べないと借地契約を更新したとみなされます。借地借家法5条2項）。地主の異議を受けて、借地人が納得して立ち退けば問題はありませんが、立ち退かない場合には、地主は訴え（土地明渡訴訟）を提起して立退きを求めることになります。土地明渡訴訟の際には、地主は「異議を述べた時点で明渡しにつき正当事由があった」ことを証明する必要があります。

　そして、借地人に立退きの義務がないにもかかわらず立退きを求める場合には、地主は立退料を支払う必要があります。立退料を算定するときには、借家の場合と同じように、地主が立退きを求める事由の正当性、借地人が移転できない事情や、借地権価格などが影響してきます。そして、地主が更新拒絶をする「正当事由」の認められる余地が少なければ少ないほど、立退料が値上がりする傾向があるようです。

　ただし、借地の場合も、借家の立退きと同様に、立退料の支払が不要になる場合があります。

　まず、一時使用のための土地賃貸借契約を締結している場合は立退料の支払は不要です。次に、借地人に債務不履行（賃料不払など）があって、債務不履行を理由として契約を解除する場合も立退料が不要です。また、契約期間の満了に伴って地主が更新を拒絶する場合であっても、地主が自らその土地を使用する高度の必要性があるなど、更新拒絶をする「正当事由」が明確であれば、立退料を支払わずに明渡しを求めることができる場合もあります。

第3章

借地契約の変更・解除・更新をめぐる書式

書式1　借地条件を変更する合意書

[収入印紙]

合意書

　賃貸人〇〇〇〇（以下、「甲」という）と賃借人〇〇〇〇（以下、「乙」という）は、平成〇〇年〇月〇日に締結された末尾記載の土地（以下、「本件土地」という）に関する賃貸借契約（以下、「本契約」という）について、以下のとおりに条件を変更する。

第1条（条件）甲は、乙が第2条に定める承諾料を支払うことを条件に、以下の建物を本件土地上に所有することを認める。

記

建物の種類　鉄筋コンクリート造3階建
用　　　途　居宅兼事務所
床　面　積　1階　〇〇.〇〇㎡
　　　　　　2階　〇〇.〇〇㎡
　　　　　　3階　〇〇.〇〇㎡

第2条（承諾料）乙は甲に対して、前条の変更に関する承諾料として、平成〇〇年〇月〇日までに金〇〇〇〇円を支払う。

第3条（賃料）本契約の賃料は、平成〇〇年〇月分から月額金〇〇〇〇円とする。

第4条（失効）乙が平成〇〇年〇月〇日までに第2条に規定する承諾料を支払わなかった場合、本合意はなかったものとする。

〈本件土地の表示〉
　　所在　〇〇県〇〇市〇〇町〇〇丁目
　　地番　〇〇番〇
　　地目　宅地
　　地積　〇〇.〇〇㎡

甲乙は、本合意の成立を証するために、本合意書2通を作成して、記名押印の上、各自1通を保有する。

平成○○年○月○日

　　　　　　　　　　　　　　○○県○○郡○○町××○丁目○○番
　　　　　　　　　　　　　　　賃貸人（甲）○○　○○　㊞
　　　　　　　　　　　　　　○○県○○市○○町○丁目○番地○号
　　　　　　　　　　　　　　　賃借人（乙）○○　○○　㊞

アドバイス

①借地契約においては、借地人が建設する建物の種類や構造、用途などについて、条件が設定されている場合が多くあります。木造家屋を堅固建物に改築する場合などは、これらの借地条件変更に該当します。その場合、借地人は、地主に対し承諾料を支払うのが通常です。借地条件変更の合意書には、承諾料の金額だけでなく支払期限まで規定します（第2条）。

②木造家屋をそのまま増改築する場合など、建物の構造や用途に変更が生じない場合は、借地条件の変更にあたらないと一般に考えられています。もっとも、この場合も借地人は、承諾料を支払わなければならないのが通常です。

③借地条件を変更する場合、新たに契約書を作成して再契約するという方法もあります。

④増改築を制限する借地条件がある場合で、土地の通常の利用上相当といえる増改築について、地主と借地人との間で協議が調わないときは、借地人の申立てによって裁判所が地主の承諾に代わって増改築の許可を与える制度があります（借地借家法17条2項）。

第3章　借地契約の変更・解除・更新をめぐる書式

書式2 増改築の申出に対して承諾をする場合

回答書

前略　貴殿の改築申入れに対して回答いたします。
　先日、貴殿から説明を受けました改築が必要とされる事情と改築計画の内容を考慮した結果、金〇〇〇万円の支払いを条件に、上記計画内容の改築について承諾します。ご検討ください。
　なお、上記条件を承諾するかどうかにつきまして、本書面到達後7日以内にご返答くださいますようお願いいたします。　　　　　　　草々

平成〇〇年〇月〇日

　　　　　　　　　　　　　　　　〇〇市〇〇町〇丁目〇番地〇号
　　　　　　　　　　　　　　　　　　　〇〇　〇〇　㊞

〇〇市〇〇町〇丁目〇番地〇号
　〇〇　〇〇　殿

アドバイス

①賃貸人は、土地の賃借人から、その土地上に賃借人が所有する建物の増改築について承諾を求められた場合、一定金額の承諾料を受領するのが通常です。その金額については、法律に規定があるわけではありませんが、更地価格の3%というのが1つの目安のようです。土地上の建物が改築されたときは借地権の存続期間が延長される場合があるので（87ページ）、そのことも考慮して金額を設定するとよいでしょう。

②増改築について承諾料をとるのであれば、借地契約の内容として、増改築には賃貸人の事前の承諾を必要とするという内容の条項を盛り込んでおくとよいでしょう。

③承諾料の条件を飲むかどうかの返答に期限を設定したい場合は、その旨も回答書に記載しておいた方がよいでしょう。

書式 3　建物増改築工事の中止を要請する場合

通知書

　平成○○年○月○日、貴殿が後記土地上にある建物を増改築していることを確認いたしましたので、その中止を求めます。

　貴殿との後記土地に関する賃貸借契約においては、土地上の建物を増改築する際には、事前に賃貸人の承諾を得なければならないとの定めがあります。ところが、貴殿は無断で増改築工事を開始しました。これは、明らかに契約違反行為です。つきましては、直ちに増改築工事を中止されるよう請求いたします。

　なお、工事を中止されない場合には、契約を解除する所存でありますことを念のため申し添えます。

記

　所在　東京都○○区○○町○○丁目
　地番　○○番○
　地目　宅地
　地積　○○.○○㎡

平成○○年○月○日

　　　　　　　　　　　　東京都○○区○○町○丁目○番○号
　　　　　　　　　　　　　　　　　　○○○○　㊞

　東京都○○区○○町○丁目○番○号
　　○○○○　殿

アドバイス

①無断増改築禁止の条項に違反して増改築工事を進めている借地人に対し、地主は工事の中止を申し入れることができます。

②無断で増改築がなされていることを知りながらこれを放置すると、紛争になった際に黙示的に承諾したと判断される危険があります。内容証明郵便などを利用して明確に通知しましょう。

書式 4　無断増改築を理由として契約を解除する

通知書

　平成○○年○月○日、私と貴殿は後記土地について賃貸借契約を締結しましたが、その条項には、後記土地上にある建物を増改築する場合、賃貸人である私の承諾を求めなければならないと規定されています。しかしながら、貴殿は私の承諾を求めることなく、上記建物について増改築の工事を開始しました。これは明らかに上記賃貸借契約違反となります。

　つきましては、貴殿の契約違反を理由として、貴殿との間に締結した上記賃貸借契約を解除いたします。本書面到達後、2週間以内に下記土地を明け渡すよう請求いたします。

記

　　　　　　　所在　東京都○○区○○町○丁目
　　　　　　　地番　○○番○
　　　　　　　地目　宅地
　　　　　　　地積　○○.○○㎡

平成○○年○月○日
　　　　　　　　　　　東京都○○区○○町○丁目○番○号
　　　　　　　　　　　　　　　　　　　○○○○　㊞

東京都○○区○○町○丁目○番○号
○○○○　殿

アドバイス

①契約に無断増改築を禁止する条項があるにもかかわらず、無断で増改築をしたときは、契約違反を理由として、契約を解除することができます。

②ただ、原状回復が容易な小規模な工事や日常生活上必要な範囲内の増改築であるときは、無断でなされたとしても信頼関係が破壊されていないとして、解除の効力が否定されることもあります。

書式 5　建物再築の通知書

建物再築通知書

拝啓　私は、別紙記載の建物の所有を目的として、別紙記載の土地について、貴殿と平成○○年○月○日までを期限とする土地賃貸借契約を締結しましたが、去る平成○○年○月○日に上記建物は隣家からの火災の影響を受け減失しました。

　そこで、当方といたしましては、貴殿にご承諾いただけるのであれば、別紙に記載しております図面に基づき、建物を再築したいと考えております。つきましては、再築の許可をいただけるようお願い申し上げます。

　なお、詳しい再築計画等につきましては、後日、改めて説明に参ります。

敬具

平成○○年○月○日

東京都○○区○○町○丁目○番○号
　　　○○　　○○　　㊞

東京都○○区○○町○丁目○番○号
　　　○○　　○○　殿

アドバイス

①本来は建物を再築するにあたって地主の承諾は必要ありません。しかし、契約の残存期間が20年未満であるときに土地上の建物が滅失し、残存期間を超えて存続する建物を再築する場合、地主の承諾が得られれば、借地権が承諾の日、あるいは建物再築の日の早い日から20年間存続します（借地借家法7条）。そこで、とくに残存期間が少ないときは存続期間を延長させるため、地主の承諾を求めるのが通常です。

②地主が承諾しない場合は、当初の期間で、契約は終了することになります。もっとも、賃貸人に更新拒絶に対する正当事由がなければ、契約は更新される可能性があります。

書式 6　建物再築に対する地主の異議

異議申立書

東京都○○区○○町○丁目○番○号
○○　○○　殿

　貴殿から借地上建物の再築を認めるか否かの問い合わせを受けましたので、次のとおり回答します。
　貴殿が上記問い合わせ通知書に添付しました再築計画の図面によりますと、再築される建物は、少なくとも30年は存続し得るものであると判断されます。そういたしますと、貴殿と締結しました土地賃貸借契約の期限を越えて建物が存続することとなってしまいます。
　したがいまして、当方といたしましては、貴殿の再築を承諾することはできません。ここに、その旨を通知いたします。

以上

平成○○年○月○日

東京都○○区○○町○丁目○番○号
　　○○　○○　㊞

アドバイス　①借地契約の賃借人は、最初の契約期間中は、賃貸人の承諾がなくても借地上の建物の再築が可能です。ただ、賃貸人の承諾がない場合は、再築された建物が契約期間よりも長く存続し得るとしても、当初の契約期間の満了によって借地契約は終了します（更新される場合もあります）。
②これに対し、建物の滅失が借地契約の更新後の場合、賃貸人の承諾を得ないで残存期間を超えて存続し得る建物の再築を行うと、賃貸人は契約を解除できます（借地借家法8条2項）。

書式7　借地権譲渡を承諾しない場合

回答書

東京都○○区○○町○丁目○番○号
○○　○○　殿

　平成○○年○月○日の書面で、貴殿から借地権譲渡に対する承諾を要求する通知を受けましたので、ここに回答いたします。
　結論から申し上げますと、賃貸人として私は、貴殿の借地権譲渡を承諾いたしかねます。私としては、私と信頼関係のある人に、所有地を賃貸したいと考えておりますところ、貴殿が建物譲渡に伴い借地権を譲渡しようと考えている○○○○殿は、私がまったく存じ上げない方だからです。
　以上の理由から、貴殿の借地権譲渡を承諾することはできませんので、ご了承ください。

平成○○年○月○日

　　　　　　　　　　　　　東京都○○区○○町○丁目○番○号
　　　　　　　　　　　　　　○○　○○　㊞

アドバイス

①賃借権を譲渡するには、賃貸人の承諾が必要です。賃貸人は、承諾するか拒否するかを自由に決定することができます。もっとも、賃借人からの問い合わせを放置したままにすると、賃借権譲渡を黙認したと評価される可能性もあるので、拒否したいときは必ず回答します。

②賃借権を譲渡することは、賃借人が交代することです。賃貸人の立場から見ると、これは賃貸目的物の使用方法が変わることを意味します。そのため、賃貸人は、自分が所有する財産を守るため、賃借権譲渡を承諾しないこともできるのです。

③ただし、賃貸人が、建物譲渡に伴う賃借権譲渡を承諾しなかったとしても、賃借人は、裁判所に賃貸人の承諾に代わる許可を求めることができます（借地借家法19条1項）。

書式8　土地の転貸借契約書

|収入印紙|

　　　　　　　　　　土地転貸借契約書

　○○○○（以下、「甲」という）と○○○○（以下、「乙」という）は、○○○○（以下、「丙」という）から賃借している後記土地について、甲を転貸人、乙を転借人とする土地転貸借契約を締結した。

第1条（目的） 甲は、別紙記載の土地賃貸借契約に基づいて賃借している後記土地（以下、「本件土地」という）を乙に転貸する。

　　　　　　　　　　　　　記

　所在　○○県○○市○○町○丁目
　地番　○○番○
　地積　○○.○○㎡
　地目　宅地

第2条（所有者の承諾） 甲は、本契約にあたり本件土地の所有者（賃貸人丙）の承諾を事前に得ることを保証する。
2　甲が前項の承諾を得られなかった場合、乙は催告することなく本契約を解除することができる。

第3条（転貸借期間） 本契約の期間は、平成○○年○月○日からの○年間とする。

第4条（敷金） 乙は、金○○○○円を敷金として甲に交付する。

第5条（転借料） 乙は、転借料として月額金○○○○円を甲に対して支払う。
2　前項の転借料は、毎月末日限り翌月分を下記の銀行口座に振り込むものとする。振込み手数料は、乙の負担とする。

　　　　　　　　　　　　　記

　○○銀行○○支店　普通口座○○○○○○○
　口座名義人　○○○○

第6条(報告) 乙が別紙に記載されている本件土地の賃貸借契約の賃貸人丙から、賃料請求、明渡請求等、何らかの請求を受けたときは、速やかにその旨を甲に報告するものとする。

第7条(契約解除) 乙において以下の事情が生じたときは、催告なくして、甲は本契約を解除することができる。
① 3か月分以上の転借料の支払いを遅滞したとき
② 本契約に反する行為があったとき

第8条(契約の終了) 別紙記載の賃貸借契約が終了したときは、本契約の期間内といえども、本契約も当然に終了する。

第9条(損害金) 乙は、本契約終了後、遅滞なく本件土地を明け渡さなければならない。

2 乙が前項の規定に違反した場合、本契約終了後明け渡しまでの期間について、乙は転借料の3倍の額を損害金として甲に支払う。

第10条(協議) この契約に関して疑義が生じたときは、甲乙双方は誠意をもって協議する。

第11条(合意管轄) 本契約に関する紛争については、甲の住所地を管轄する地方裁判所又は簡易裁判所を第一審の管轄裁判所とする。

以上のとおり契約が成立したことを証するために、本書2通を作成し、甲乙記名押印の上、各自1通を保有する。

平成○○年○月○日

　　　　　　　　　　　　　　○○県○○市○○町○丁目○番○号
　　　　　　　　　　　　　　(甲) ○○　○○　㊞
　　　　　　　　　　　　　　○○県○○市○○町○丁目○番○号
　　　　　　　　　　　　　　(乙) ○○　○○　㊞

アドバイス
①転貸借契約も賃貸借契約の一種なので、契約の内容は、賃貸借契約と同じようになります。
②ただ、元の賃貸人の承諾が必要とされる点は、通常の賃貸借と異なるため、承諾に関する条項を設けることが重要です(第2条)。

書式 9　土地賃借権を相続した場合

通知書

東京都○○区○○町○丁目○番○号
○○○○　殿

　貴殿と賃貸借契約を締結し、後記土地を賃借しておりました○○○○は、平成○○年○月○日に死亡いたしました。それに従い、相続人全員による遺産分割協議の結果、同人の第一子である私が、後記土地上の建物及び後記土地の賃借権を相続いたしました。今後は、私が賃料をお支払いいたしますので、宜しくお願い申し上げます。
　まずは、書面をもって以上の点をお知らせいたします。

記

　　　　　　　所在　東京都○○区○○町○○丁目
　　　　　　　地番　○○番○
　　　　　　　地目　宅地
　　　　　　　地積　○○.○○㎡

平成○○年○月○日

　　　　　　　　　　　　　東京都○○区○○町○丁目○番○号
　　　　　　　　　　　　　　　　　○○○○　㊞

アドバイス

①借地人が死亡すると、相続人が借地上の建物の所有権とともに借地権を取得することになります。法律的には、借地権が被相続人から相続人へ移転したことになりますが、地主の承諾はとくに必要とされません。

②名義書換料や承諾料等の金銭を支払う義務もありません。相続人は被相続人の契約内容と同じ義務を負うため、賃料の金額も変更ありません（賃料変更は賃貸人と協議します）。なお、借地権を第三者に主張するには、建物の登記を相続人名義に変更する必要があります。

書式10 借地人から地主の相続人への通知

通知書

東京都○○区○○△丁目△番△号
○○○○　殿

　私は△△△△殿から、下記の土地を下記の条件で賃借しておりましたが、同氏は先般ご逝去されました。右土地はどなたが相続なさるのか、私にはわかりません。そこで地代の支払いにつきましては、今月分から相続人が決まるまでの間、供託したいと存じます。とりあえず故△△△△殿の奥様である貴方様に、ご通知申し上げます。
　なお、他にどなたが相続人かわかりませんので、他の相続人にもその旨お伝えください。また、右土地を相続する方が決まりましたら、至急ご連絡ください。

記

1　東京都○○区○○×丁目×番地　宅地○○○㎡
2　地代　　　　　　1か月金○○○○○円
3　地代支払期日　　毎月末日限り翌月分を支払う
4　賃借期間　　　　平成○○年○月○日まで

平成○○年○月○日

　　　　　　　　　　　　　　　東京都○○区○○×丁目×番×号
　　　　　　　　　　　　　　　　　　　○○○○　㊞

アドバイス

①複数の相続人が相続する場合、遺産分割協議が成立するまで相続人全員が遺産を共有します。
②地主の死亡により複数の相続人が発生した場合、借地人による地代の支払先が不明となるため、これが明らかになるまで地代を供託する旨を地主の共同相続人の1人に通知するものです。
③通知は内容証明郵便で行うのがより確実です。

書式11 借地人に更新料の支払いを要請する

更新料要請書

東京都○○区○○町○丁目○番○号
○○○○　殿

　私と貴殿との間で締結された後記土地の賃貸借契約は、平成○○年○月○日をもって終了いたします。もし、契約の更新を希望される場合は、平成○○年○月○日までに、後記土地の時価の1割に当たります金500万円をお支払いいただきますよう請求いたします。
　なお、上記期限までに更新料をお支払いいただけない場合は、上記契約の更新を拒絶いたしますことを併せて申し添えます。

記

　　　　　　　所在　東京都○○区○○町○○丁目
　　　　　　　地番　○○番○
　　　　　　　地目　宅地
　　　　　　　地積　○○.○○㎡
　　　　　　　賃料　月額15万円
　　　　　　　賃料支払期日　毎月末日限り翌月分支払

平成○○年○月○日
　　　　　　　　　　　　東京都○○区○○町○丁目○番○号
　　　　　　　　　　　　　　　○○○○　㊞

アドバイス
①通常、借地契約においては、契約を更新する際に、更新料を支払うことが明記されています。この場合、借地人は、更新料を支払わなければなりません。
②更新料の金額については、法律に規定はありませんが、借地権価格の5〜10％とされることが多いようです。

書式12 借地契約更新拒絶の通知

通知書

東京都○○区○○×丁目×番×号
△△△△　殿

　私は貴殿に対して、東京都○○区○○×丁目×番地の宅地300㎡を賃貸しておりますが、上記宅地の賃貸借期間は平成○○年○月○日で満了いたします。
　上記土地は、期間満了後は当方において使用する必要がございますので、貴殿との賃貸借契約の更新は拒絶させていただきたいと存じます。
　つきましては、契約期間満了し次第、上記土地を明け渡してくださいますよう、お願い申し上げます。

平成○○年○月○日

東京都○○区○○×丁目×番×号
○○○○　㊞

アドバイス

　借地契約の場合、期間が満了するときでも、土地上に借地人の建物が存在していれば、借地人の請求により、従前の契約と同一条件で契約を更新したものとみなされるのが原則です。しかし、地主が借地人の請求に対して、遅滞なく（すぐに）正当事由のある異議を述べた（更新を拒絶した）ときは、契約は更新されません（借地借家法5条・6条）。本書式は、地主の方から先手を打って「当方において使用する必要」という事由をあげて、借地契約の更新を拒絶することを借地人に伝えるための通知です。通知は内容証明郵便で行う場合もあります。

書式13 更新契約書

収入印紙

更新契約書

　賃貸人○○○○（以下、「甲」という）と賃借人○○○○（以下、「乙」という）は、下記のとおり賃貸借契約を更新する。

第1条（更新） 甲乙間の後記土地に関する平成○○年○月○日付土地賃貸借契約について更新する。

第2条（更新料） 乙は甲に対し、更新料として金○○○○円を支払うこととする。更新料は、平成○○年○月○日限りにおいて支払うものとし、支払方法は、甲が指定する金融機関口座に振り込む方法で行う。

第3条（敷金） 乙が従前の賃貸借契約において甲に差し入れた敷金は、更新された契約の敷金として同一の条件で引き継がれる。甲は従前の賃貸借契約の終了を理由として乙に敷金を返還することを要しない。

第4条（更新後の賃料） 更新後の賃料については、月額金○○○○円に改定する。

第5条（更新後の期間） 更新後の契約期間は、平成○○年○月○日から満20年間とする。

第6条（連帯保証人） 連帯保証人○○○○（以下「丙」とする）の責任についても、従前の内容で更新する。

第7条（従前の契約） 本契約で変更された条項以外は、従前の賃貸借契約の定めたところに従うものとする。

　以上の契約の成立を証するため、甲及び乙双方及び丙が記名押印して本書2通を作成し、各自1通を保有する。

平成○○年○月○日

東京都○○区××○丁目○番○号

```
                              (賃貸人・甲) ○○  ○○  ㊞
                          東京都××区××○丁目○番○号
                              (賃借人・乙) ○○  ○○  ㊞
                          東京都△△区××○丁目○番○号
                            (連帯保証人・丙) ○○  ○○  ㊞


                      記
(土地の表示)
    所   在   東京都○○区××○丁目○○番地○
    地   番   ○○番○
    地   目   ○○
    地   積   ○○.○○㎡
```

アドバイス

借地の賃貸借契約の更新をする場合、まず、従前の賃貸借契約がどの契約のことを指すのかを明確にする必要があります(第1条)。その上で、更新後の賃料や期間など、更新によって変更される内容を更新契約書に記載するようにします(第4条、第5条)。また、変更のない部分については、「本契約で変更された条項以外は、従前の賃貸借契約の定めたところに従うものとする」という条項を入れることで、従前の契約内容をそのまま引き継ぐことができます(第7条)。

ただし、変更のない部分であっても、争いが生じやすい重要な部分については、条項によって変更がない点を明確に定めておくことで、後々争いが生じることを防止することができます。

なお、更新料の支払いは法律上義務付けられているものではありませんので、契約で定めていない場合には、更新料を支払う必要はありません。ただ、契約で定めている場合には支払義務を負うことになります(第2条)。更新料の相場は、借地権価格の5%というのが一つの目安です。

書式14 賃料の増額を請求する場合

通知書

東京都〇〇区〇〇町〇丁目〇番〇号
〇〇　〇〇　殿

　冠省　私は現在、貴殿に賃料を月額金〇〇〇〇円として後記土地を賃貸しております。ところが、昨今、近隣土地価格が著しく高騰し、また、それに伴い固定資産税などの公租公課も上昇いたしました。現在の賃料である月額金〇〇〇〇円は、近傍類似土地の賃料と比較いたしますと、著しく低いものとなっております。

　つきましては、平成〇〇年〇月分より、賃料を月額金〇〇〇〇円に増額させていただきますので、ご通知申し上げます。　　　　　　草々

記
所在　東京都〇〇区〇〇町〇丁目
地番　〇〇番〇
地目　宅地
地積　〇〇.〇〇㎡

平成〇〇年〇月〇日
　　　　　　　　　　　　東京都〇〇区〇〇町〇丁目〇番〇号
　　　　　　　　　　　　　　〇〇　〇〇　㊞

アドバイス

　土地建物の価格の上昇、固定資産税の増額などにより、現在の賃料を据え置くのが公平でない場合、賃貸人は賃借人に将来に向かって賃料の増額を請求することができます。賃借人がこの請求を受け入れれば問題ありませんが、賃借人が値上げを了承しない場合、賃貸人は増額の理由を説明し、了承を得るように話し合いをする必要があります。調整がつかない場合、賃借人は相当と考える額の地代を供託することができ、また、賃貸人は賃料増額請求の調停申立てによって解決を図ることもできます。

書式15　賃料の減額を請求する場合

通知書

東京都○○区○○町○丁目○番○号

○○　○○　殿

　日頃より大変お世話になっております。

　現在、私は、貴殿から後記土地を月額金○○○○円で賃借しております。ご存知のように、昨今、周辺地価が下落しており、後記土地に類似する近隣土地の地代は、平均月額金○○○○円となりました。現在貴殿にお支払いしている賃料額とは著しい格差が生じています。

　つきましては、後記土地の賃料を月額金○○○○円まで減額していただけますよう請求いたします。

記

　　　　　　　　所在　東京都○○区○○町○丁目
　　　　　　　　地番　○○番○
　　　　　　　　地目　宅地
　　　　　　　　地積　○○.○○㎡

平成○○年○月○日

　　　　　　　　　　　　東京都○○区○○町○丁目○番○号
　　　　　　　　　　　　　　　○○　○○　㊞

アドバイス

①借地契約期間中に賃料額が不相当となった場合、賃借人から賃料の減額を請求することもでき、協議不調の場合は賃料減額請求の調停申立ても可能です。

②賃料の減額について協議が調わない間は、賃貸人は従来の額の地代の支払いを請求することができます。

書式16 賃料の支払い催告と解除予告

催告書

　私は、貴殿との間で下記記載の土地につき、賃貸借契約を締結し、土地の賃貸をしております。しかしながら、貴殿は、平成○○年○月分以降3か月分の賃料合計金○○○○円の支払いをしておりません。そこで、本書面到達から7日以内に私が指定する銀行口座に上記未払賃料を振り込まれるよう催告いたします。

　もし上記期間内に振込みがない場合には、上記賃貸借契約を解除いたしますことをあわせ申し添えます。

記

〈土地についての表示は省略〉
平成○○年○月○日

　　　　　　　　　　　　　　　　　　東京都○○区○丁目○番○号
　　　　　　　　　　　　　　　　　　　　○○　○○　㊞

東京都○○区○丁目○番○号
　○○　○○　殿

アドバイス

①賃料の支払いが遅れていることを理由に解除する場合には、相当な期間を定めて履行するよう催告をすることが必要です。

②そこで、本書式例のように、いつからいつまでにいくらの賃料の支払を遅延しているのかを明記するとともに、いつまでに賃料を支払うべきかを明記することも必要です。

③その上で、期間内に支払がない場合には、契約を解除する意思があることを明記しておくとよいでしょう。

書式17 賃料の不払いを理由とする解除

契約解除通知書

　私は、貴殿との間で下記記載の土地につき、賃貸借契約を締結し、土地の賃貸をしております。

　しかしながら、貴殿は、平成○○年○月分以降３か月分の賃料合計金○○○○円の支払を怠り、同年○月○日付催告書にて同年○月○日までに上記未払賃料を支払うよう催告を受けたにもかかわらず、期間経過後本日に至るまで未だ支払いをしておりません。

　そこで、私は、本書面をもって上記賃貸借契約を解除することを貴殿に通知いたします。本書面到達後、速やかに下記記載の土地を明け渡し、未払賃料金○○○○円とそれに対する年○○％の遅延損害金を支払われますよう請求いたします。

記

　　　　　　　所在　東京都○○区○○町○丁目
　　　　　　　地番　○○番○
　　　　　　　地目　宅地
　　　　　　　地積　○○.○○㎡

平成○○年○月○日

　　　　　　　　　　　　　　　東京都○○区○丁目○番○号
　　　　　　　　　　　　　　　　　○○　○○　㊞

　東京都○○区○丁目○番○号
　　○○　○○　殿

アドバイス

① 賃料の不払いは、契約解除をする際に最も効果がある理由ですが、一般的には、ある程度借主の賃料不払いが継続されている状態になって、はじめて信頼関係が破壊されたとして、賃料の滞納による賃貸借契約の解除が認められます。ここでの「継続して不払いになっている期間」とは、契約の種類にもよりますが、毎月賃料を支払う契約であれば、少なくとも3か月以上は必要です。

② 借主の賃料の滞納を理由に賃貸借契約を解除する場合、まず借主に催告する（賃料の支払を催促する）必要があります。催告は第三者が証明できるように、内容証明郵便で作成して借主に送付します。催告では支払猶予期間を通告します。猶予期間は10日間前後を設定するのが一般的です。

③ 催告しても滞納賃料が支払われない場合を考え、催告の内容証明郵便には「猶予期間の間に賃料を支払わなければ、契約の解除を行う」という文言も記しておきます。そして、催告期間内に賃料の支払がない場合は、本書式例のように、賃貸借契約を解除したことを通知し、土地の明渡しに加え、未払賃料や遅延損害金を請求していきます。

■ **賃料の催促**

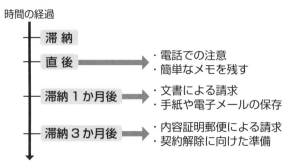

書式18 正当事由に基づく明渡し請求

通知書

東京都○○区○○町○丁目○番○号

○○　○○　殿

時下益々ご清栄のこととお慶び申し上げます。

　現在、貴殿が使用しております後記土地に関する賃貸借契約は、来る平成○○年○月○日をもって期間満了となります。後記土地については、私が納付義務を負担する相続税の物納のため、期間満了後に明渡しをすることになりました。

　したがいまして、貴殿との賃貸借契約の更新は、拒絶させていただきます。

　つきましては、期間満了日である平成○○年○月○日をもって、同土地を明け渡すようご請求いたします。

記

　　　　所在　　東京都○○区○○町○丁目
　　　　地番　　○○番○
　　　　地目　　宅地
　　　　地積　　○○.○○㎡

平成○○年○月○日

　　　　　　　　　　　　東京都○○区○○町○丁目○番○号
　　　　　　　　　　　　　　　　○○　○○　㊞

アドバイス　賃貸人が借地家約の契約更新を希望しない場合、正当事由のある更新拒絶をしなければなりませんが、正当事由は認められにくいのが現状です。「相続税の物納」のように、その土地を必要とする賃貸人側の具体的事情を記載する必要があるでしょう。

書式19 借地権の無断譲渡を理由とする解除

通知書

　私は、貴殿との間で後記土地について、賃貸借契約を締結しておりますが、本契約には、同契約に基づく借地権を第三者に譲渡する場合、事前に賃貸人である私の承諾を得なければならない旨が規定されています。しかし、貴殿は、事前に私の承諾を得ることなく、平成○○年○月○日をもって後記土地上の建物を○○○○氏に譲渡し、同土地を同氏に明け渡しています。これは明らかに契約違反行為です。したがって、上記契約違反を理由として、本日付をもって本契約を解除いたします。

　つきましては、本通知書到達後○か月以内に建物を収去し、土地を明け渡すよう、あわせて請求いたします。

記

　　　　　所在　東京都○○区○○町○丁目
　　　　　地番　○○番○
　　　　　地目　宅地
　　　　　地積　○○.○○㎡

平成○○年○月○日

　　　　　　　　　　　　　東京都○○区○丁目○番○号
　　　　　　　　　　　　　　　　○○　○○　㊞

東京都○○区○丁目○番○号
　○○　○○　殿

アドバイス

①賃借権が無断譲渡された場合、賃貸人は、契約を解除することができます。

②もっとも、借地権を譲り受けた人が、実際に使用または収益を開始した後でなければ解除できないので注意が必要です。

書式20 無断転貸を理由とする明渡し請求

　　　　　　　　　　　通知書

　冠省　私○○○○は、後記土地の所有者であり、賃貸人として○○○○氏との間で、後記土地の賃貸借契約を締結していた者です。
　このたび、貴殿は、○○○○氏と上記土地の賃貸借契約を締結し、後記土地に建物を建設し使用を開始いたしました。しかし、○○○○氏が貴殿に上記土地を転貸することに対して、私は一切の承諾をしていませんので、貴殿は正当な権利を取得しておりません。
　よって、私は貴殿に対し、本通知書到達後○か月以内に後記土地を明け渡すよう請求いたします。速やかに明渡しがなされない場合、法的手段をとる所存です。　　　　　　　　　　　　　　　　　草々
　　　　　　　　　　　　　記
　　　　　　　　所在　東京都○○区○○町○丁目
　　　　　　　　地番　○○番○
　　　　　　　　地目　宅地
　　　　　　　　地積　○○.○○㎡
平成○○年○月○日
　　　　　　　　　　　　　　　　東京都○○区○丁目○番○号
　　　　　　　　　　　　　　　　　　　○○　○○　㊞

東京都○○区○丁目○番○号
○○　○○　殿

アドバイス　①賃貸人の承諾なく転貸して使用収益させた場合、賃貸人は契約を解除できます。
②もっとも、賃貸人は、賃借人との契約を解除する前であっても、転借人に明渡しを請求することができます。

書式21 借地契約更新後の無断再築を理由とする解約の申入れ

借地契約解約通知書

　私は貴殿との間で後記土地について賃貸借契約を締結し、去る平成○○年○月○日に更新しました。本契約では、賃借人である貴殿が、後記土地上の建物を再築する際には、事前に賃貸人である私の承諾を得ることが明記されています。

　しかし、平成○○年○月○日頃、貴殿は、私の承諾を得ることなく本契約の残存期間を超えて存続すべき建物を建築しました。これは明らかに契約違反行為です。つきましては、借地借家法8条に基づき、本契約を解除することを通知いたします。また、本通知書到達後3か月の経過をもって、貴殿の借地権は消滅しますので、早急に建物を収去されるよう請求いたします。

記

　　　所在　東京都○○区○○町○丁目
　　　地番　○○番○
　　　地目　宅地
　　　地積　○○.○○㎡

平成○○年○月○日

　　　　　　　　　　　　　　東京都○○区○丁目○番○号
　　　　　　　　　　　　　　　　○○　○○　㊞

東京都○○区○○町○丁目○番○号
　○○　○○　殿

アドバイス
①契約更新後に借地上の建物が滅失し、賃貸人の承諾を得ないで残存期間を超えて存続する建物が再築された場合、賃貸人は借地契約を解除できます。
②解除の申入れがあった日から3か月経過後に借地権は消滅します。

書式22 事業用定期借地権の期間満了による明渡し請求

土地明渡請求書

　私は、平成20年3月1日、後記土地を貴社が事業用に用いるために、期間を同日から起算して10年とする賃貸借契約を公正証書（東京法務局所属公証人〇〇〇〇作成平成20年第40251号公正証書）をもって締結しました。したがいまして、本件賃貸借契約は、平成30年2月28日の経過で、期間満了により終了しました。契約当時の借地借家法23条1項によれば、期間10年の事業用建物所有のための借地権には、法定更新がありませんので、貴社は直ちに土地を明け渡す義務があります。したがって、本書面到達後10日以内に後記土地を明け渡すように貴社に請求します。

記

所在　東京都〇〇市〇〇町〇〇丁目
　地番　〇〇番〇
　地目　工業用地
　地積　〇〇.〇〇㎡

平成30年〇月〇日

　　　　　　　　　　　　東京都〇〇市〇〇町〇丁目〇〇番地
　　　　　　　　　　　　　　　　　〇〇〇〇　㊞

東京都〇〇市〇〇町〇丁目〇〇番地
　株式会社　〇〇〇〇
　代表取締役　〇〇〇〇　殿

アドバイス

① 土地明渡請求は内容証明郵便で行う場合もあります。

② 事業用定期借地権であることを明確にするため、賃貸借契約には、ⓐ契約締結日、ⓑ賃貸借の目的の土地、ⓒ賃貸借の期間、ⓓ事業用建物の所有を賃貸借の目的とすることを記載します。

③ 書面到達日以降、一定の期限までに土地を明け渡すことを求めることを記載します。

書式23 借地上の建物賃借人に対する明渡し請求

通知書

　私○○○○は、後記土地を所有しており、○○○○氏との間で賃貸借契約を締結し、同土地を○○○○氏に賃貸しておりますが、来る平成○○年○月○日をもって上記契約が終了いたします。

　つきましては、同土地上の○○○○氏所有の建物を○○○○氏から賃借し居住しておられる貴殿に対し、上記契約終了時までに、同土地を当方に明け渡していただけますようあらかじめご通知いたします。

記

所在　○○区○○町○丁目
地番　○○番○
地目　宅地
地積　○○.○○㎡

平成○○年○月○日

　　　　　　　　　　　　東京都○○区○○町○丁目○番○号
　　　　　　　　　　　　　　○○　○○　㊞

東京都○○区○○町○丁目○番○号
　○○　○○　殿

アドバイス
①借地上にある建物が賃貸された場合、その建物の賃貸借契約の終了前であっても、借地契約が終了するときは、建物の賃借人も地主からの明渡しに応じなければなりません。
②もっとも、建物の賃借人は、借地権の期間満了を1年前までに知らなかった場合、知った時から1年を超えない範囲内で土地の明渡しが猶予されます（借地借家法35条）。土地の賃貸人は、余裕をもって内容証明郵便で通知するとよいでしょう。

書式24 借地契約を合意解除する場合

合意解約書

　甲・○○○○と乙・○○○○は合意により、甲乙の間で締結された平成○○年○月○日付土地賃貸借契約（以下「本契約」とする）を解約する。

第1条（合意解除）甲と乙は、後記土地（以下「本件土地」とする）に関する本契約を双方合意の上で本日をもって解約する。

第2条（土地明渡し）本件土地の明渡し期日は、平成○○年○月○日とする。

2　前項の明渡しに際して、甲は乙に第4条に規定する立退料を支払わなければならない。立退料の支払いと土地の明渡しは同時履行の関係にあるものとする。

3　乙は、本件土地上にある建物を収去した上で、本件土地を明け渡さなければならない。明渡しに要する費用は、乙の負担とする。

第3条（残存物）乙が本件土地を明け渡した後において、本件土地上に乙の所有物が残存していても、乙はこれを放棄したものとする。

2　甲が前項の物を処分した場合、乙は異議を申し立てないものとする。

第4条（立退料）甲は立退料として金○○○○円を乙に対して支払う。

第5条（使用損害金）乙は甲に対して、本日から第2条に規定する明渡期限まで1か月あたり金○○○○円の使用損害金を支払う。

2　乙が第2条第1項に規定する明渡期限の日までに明渡しをしなかった場合、乙は第4条に規定する立退料の請求権を失う。

3　前項の場合、乙は、明渡期限の日の翌日から明渡完了日まで1か月あたり金○○○○円の使用損害金を日割にて支払うものとする。

第6条（敷金返還）甲は、乙の残債務を清算の上、後記土地の明渡しから1か月後に、敷金の残金を返還するものとする。

記

〈土地の表示〉
　　所　　在　○○市○○町○丁目
　　地　　番　○○番地○
　　地　　目　宅地
　　地　　積　○○.○㎡
〈建物の表示〉
　　所　　在　○○市○丁目○番地○号
　　家屋番号　○○○○番
　　種　　類　○○
　　構　　造　○○○○造○○建
　　床面積　　○○㎡

平成○○年○月○日
　　　　　　　　　　○○県○○市○○町○丁目○番地○号
　　　　　　　　　　（賃貸人　甲）○○　○○　㊞
　　　　　　　　　　○○県○○市○○町○丁目○番地○号
　　　　　　　　　　（賃借人　乙）○○　○○　㊞

アドバイス

①土地賃貸借契約は借地契約であっても、合意によって終了させる（解約する）ことができます。合意による解約の場合は、その条件を自由に決定できるので、合意に至った内容を書面に明記します。多くの場合は、1・2か月後に土地の明渡し期限を設定し、その間を猶予期間として借主は移転先を探します。立退料の支払い（第4条）などについては、合意の内容として明記しないと請求する根拠がなくなるので注意が必要です。

②借主による明渡し後、土地上に残存物があった場合の処理についても規定しておく方がトラブルを回避できます（第3条）。

第4章

借家契約を結ぶときの書式

書式 1 重要事項説明書

重 要 事 項 説 明 書
(建物の貸借)
(第一面)

平成○○年 ○月 ○日

乙山一美 殿

下記の不動産について、宅地建物取引業法(以下「法」という。)第35条の規定に基づき、次のとおり説明します。この内容は重要ですから、十分理解されるようお願いします。

商号又は名称　株式会社○○不動産
代表者の氏名　代表取締役　丙川光男　　　　　　　　　　㊞
主たる事務所　東京都台東区○○１－１－１
免許証番号　　東京都知事（○）○○○○号
免許年月日　　平成７年○月○日

説明をする 宅地建物取引士	氏　　名	丁本和代 ㊞
	登録番号	(東京都知事)第○○○○号
	業務に従事 する事務所	東京都世田谷区××○-○-○ 乙川不動産世田谷支店 電話番号 （ 03 ）○○○○-○○○○

取引の態様（法第34条第２項）	代　理　・　㊤媒　介㊦

建物	名　　称	○○アパート
	所　在　地	東京都世田谷区××○丁目○○番地○
	室　番　号	105号室
	床　面　積	36.52 ㎡（登記簿面積 36.52㎡）
	種類及び構造	共同住宅、長屋建、木造スレートぶき
貸主氏名・住　所		甲野花子　東京都世田谷区××△丁目△番△号

(第二面)

I　対象となる建物に直接関係する事項
　1　登記記録に記録された事項

所有権に関する事項 （権利部（甲区））	所有権に係る権利に関する事項	所有権以外の権利に関する事項（権利部（乙区））
名義人　氏　名　甲野花子 　　　　住　所　東京都世田谷区 　　　　　　　　××○丁目○番○号	なし	抵当権設定 設定:平成○○年○月○日 受付第○○○○号 債権金額　3,000万円 債務者:甲野花子 債権者:株式会社とびうお銀行

　2　法令に基づく制限の概要

法　令　名	
制限の概要	

　3　飲用水・電気・ガスの供給施設及び排水施設の整備状況

直ちに利用可能な施設	施設の整備予定	備　　考
飲用水　㊒・私営・井戸	年　月　日　公営・私営・井戸	
電　気　東京電力	年　月　日	
ガ　ス　㊒・プロパン	年　月　日　都市・プロパン	
排　水　公共下水	年　月　日	

　4　建物建築の工事完了時における形状、構造等（未完成物件のとき）

建物の形状及び構造	
主要構造部、内装及び外装の構造・仕上げ	
設備の設置及び構造	

　5　建物状況調査の結果の概要（既存の建物のとき）

建物状況調査の実施の有無	有	㊇
建物状況調査の結果の概要		

(第三面)
6 建物の設備の整備の状況（完成物件のとき）

建物の設備	有無	型式	その他
台　　　所	有		流し、調理台、換気扇、給湯栓
便　　　所	有	水洗式	
浴　　　室	有		シャワー、ユニットバス、洗面化粧台
給湯設備	有		ガス、ボイラー
ガスこんろ	有		都市ガス、メーター専用
冷暖房設備	無		
物　　　置	有		

7 当該建物が造成宅地防災区域内か否か

造成宅地防災区域内	造成宅地防災区域外 ○

8 当該建物が土砂災害警戒区域内か否か

土砂災害警戒区域内	土砂災害警戒区域外 ○

9 当該建物が津波災害警戒区域内か否か

津波災害警戒区域内	津波災害警戒区域外 ○

10 石綿使用調査の内容

石綿使用調査結果の記録の有無	有 ○	無
石綿使用調査の内容	平成○年○月○日、厚生労働省指定の作業環境測定期間である株式会社○○環境センターにより、建物の屋根材・外壁材についての石綿含有率測定が行われた。詳細については別紙調査報告書に記載する。	

11 耐震診断の内容

耐震診断の有無	有	無 ○
耐震診断の内容	本物件は、昭和62年に新築された建物であるため、耐震診断説明の対象物件ではない。	

(第四面)

II 取引条件に関する事項
　1 借賃以外に授受される金額

	金　　　　額	授　　受　　の　　目　　的
1	金　　170,000円	敷金
2	金　　 85,000円	礼金
3	月額　　　100円	物置使用料
4		

　2 契約の解除に関する事項

賃貸借契約期間中であっても、貸主は、賃貸借契約書第○条に該当する事由が生じた場合、所定の手続きにより解約を申し出ることができる。また、借主は、貸主に対して1か月前に書面で予告することにより、解約を申し入れることができる。

　3 損害賠償額の予定又は違約金に関する事項

借主は、その定められた入居者並びに、その訪問者が、故意又は過失により、賃借室及び本建物付属設備に損害を与えたときは、それによって生じた損害を貸主に賠償しなければならない。

　4 支払金又は預り金の保全措置の概要

保全措置を講ずるかどうか	講　ず　る　・　（講　じ　な　い）
保全措置を行う機関	

(第五面)

5　契約期間及び更新に関する事項

契約期間	（始　期）平成30年 4 月 1 日 （終　期）平成32年 3 月31日	2 年　　月	⟨一般借家契約⟩ 定期借家契約 終身建物賃貸借契約
更新に関する事項	新賃料の１か月分（別途消費税）の更新料が必要である。詳細については賃貸借契約書第○条で説明する。		

6　用途その他の利用の制限に関する事項

	区分所有建物の場合における専有部分の制限に関する規約等	そ　の　他
用途制限		居住以外の利用は認めない
利用の制限		賃貸借契約第○条に記載の通り

7　敷金等の精算に関する事項

借主が、賃借室の明渡しを完了し、この契約が終了したとき、貸主は賃借室を点検の上、原状回復費用を差し引いた上、保証金等を精算し、その残額を借主に返還する。

8　管理の委託先

氏　名（商号又は名称） （マンションの管理の適正化の推進に関する法律による登録を受けているときはその登録番号）	株式会社○○　管理
住所（主たる事務所の所在地）	東京都世田谷区○○　○－○－○

(第六面)

Ⅲ　その他の事項
　1　供託所等に関する説明（法第35条の2）
　（1）宅地建物取引業保証協会の社員でない場合

営業保証金を供託した供託所及びその所在地	

　（2）宅地建物取引業保証協会の社員の場合

宅地建物取引業保証協会	名　称	社団法人○○宅地建物取引業保証協会
	住　所	東京都○○区○○2-2-2
	事務所の所在地	東京都○○宅地建物取引業保証協会世田谷支部
弁済業務保証金を供託した供託所及びその所在地		東京都法務局　東京都千代田区九段南一丁目1番15号九段第2合同庁舎

私は、貴社の宅地建物取引士から宅地建物取引士証提示のもと、
重要事項の説明を受け、説明書を受領したことを確認いたします。

平成○○年　○月　○日
住所　東京都青梅市○○町○-○-○

　　　　　　　　　　　　　　　　　　　　氏名：乙山一美　㊞

アドバイス　建物賃貸借の重要事項説明書のうち、重要な項目には、以下のようなものがあります。

・登記記録（登記簿）に記録された事項

　抵当権などの権利が設定されているか否か、設定されている場合の影響を説明します。

・飲用水、電気、ガスなどインフラの整備状況

　飲用水などのインフラの整備状況について説明します。整備されている場合でも、何らかの特別な負担金等が発生する場合があれば、付け加える必要があります。

・賃料以外に必要な金銭

　賃料以外に必要となる敷金や礼金、更新料などの金銭は、賃料以外の重要な契約条件ですので、その内容や金額などを説明します。

・損害賠償額の予定や違約金の内容

　契約に違反したときの損害賠償額の予定、または違約金に関する定めがある場合、その金額・内容などを説明します。

・敷金等の精算に関する事項

　敷金など貸主に預ける金銭の精算について説明します。とくに退去時の原状回復費用との精算をめぐるトラブルは非常に多くなっていますので、原状回復の取扱いも含めて説明が必要です。

・法令に基づく制限やその他利用制限など

　都市緑地法や景観法などの法令による制限があれば説明します。

　東日本大震災以降は、津波防災地域づくりに関する法律による予想される津波による浸水の有無や、災害対策基本法による緊急避難場所などの説明義務が追加されています。

　また、必要に応じて禁止事項があれば説明します。たとえば、ベランダに洗濯物を干せない、ペットが飼えないなどです。また、禁止行為を行うと契約違反になり、場合によっては賃貸借契約が解除されることも同時に説明が必要です。

書式 2　賃貸住宅標準契約書
※平成30年3月版、連帯保証人型

賃貸住宅標準契約書

頭書

（1）賃貸借の目的物

<table>
<tr><td rowspan="8">建物の名称・所在地等</td><td colspan="2">名　称</td><td colspan="3">○×アパート</td></tr>
<tr><td colspan="2">所在地</td><td colspan="3">東京都世田谷区××○丁目○○番地○</td></tr>
<tr><td rowspan="3">建て方</td><td rowspan="3">共同建
（長屋建）
一戸建
その他</td><td rowspan="2">構造</td><td>（木造）
非木造（　　　）</td><td rowspan="3">工事完了年
平成元　年
（大規模修繕を
（平成15）年
実　施）</td></tr>
<tr><td>2　階建</td></tr>
<tr><td>戸数</td><td>8　戸</td></tr>
<tr><td colspan="2">住戸番号</td><td>105 号室</td><td>間取り</td><td>（　）LDK・DK・K／ワンルーム／</td></tr>
<tr><td colspan="2">面　積</td><td colspan="3">36.52 ㎡　（それ以外に、バルコニー　6　㎡）</td></tr>
</table>

<table>
<tr><td rowspan="17">住戸部分</td><td rowspan="17">設備等</td><td>トイレ</td><td>専用（水洗）・非水洗）・共用（水洗・非水洗）</td></tr>
<tr><td>浴室</td><td>（有）・無</td></tr>
<tr><td>シャワー</td><td>（有）・無</td></tr>
<tr><td>洗面台</td><td>（有）・無</td></tr>
<tr><td>洗濯機置場</td><td>（有）・無</td></tr>
<tr><td>給湯設備</td><td>（有）・無</td></tr>
<tr><td>ガスコンロ・電気コンロ・IH調理器</td><td>（有）・無</td></tr>
<tr><td>冷暖房設備</td><td>（有）・無</td></tr>
<tr><td>備え付け照明設備</td><td>有・（無）</td></tr>
<tr><td>オートロック</td><td>有・（無）</td></tr>
<tr><td>地デジ対応・CATV対応</td><td>（有）・無</td></tr>
<tr><td>インターネット対応</td><td>（有）・無</td></tr>
<tr><td>メールボックス</td><td>（有）・無</td></tr>
<tr><td>宅配ボックス</td><td>（有）・無　（鍵 No. ○○○○・2 本）</td></tr>
<tr><td>鍵</td><td>有・無</td></tr>
<tr><td></td><td>有・無</td></tr>
<tr><td>使用可能電気容量</td><td>（　30　）アンペア</td></tr>
<tr><td colspan="2">ガス</td><td>（有）（都市ガス）・プロパンガス）・無</td></tr>
<tr><td colspan="2">上水道</td><td>（水道本管より直結）・受水槽・井戸水</td></tr>
<tr><td colspan="2">下水道</td><td>（有）・（公共下水道）・浄化槽）・無</td></tr>
</table>

<table>
<tr><td rowspan="7">附属施設</td><td>駐車場</td><td>含む・（含まない）</td><td>＿＿＿台分（位置番号：＿＿＿＿）</td></tr>
<tr><td>バイク置場</td><td>含む・（含まない）</td><td>＿＿＿台分（位置番号：＿＿＿＿）</td></tr>
<tr><td>自転車置場</td><td>（含む）・含まない</td><td>＿＿＿台分（位置番号：＿＿＿＿）</td></tr>
<tr><td>物置</td><td>含む・（含まない）</td><td></td></tr>
<tr><td>専用庭</td><td>含む・含まない</td><td></td></tr>
<tr><td></td><td>含む・含まない</td><td></td></tr>
<tr><td></td><td>含む・含まない</td><td></td></tr>
</table>

（2）契約期間

始期	平成30 年	4 月	1 日から		2 年	月間
終期	平成32 年	3 月	31 日まで			

第4章　借家契約を結ぶときの書式

（3）賃料等

賃料・共益費		支払期限	支払方法	
賃　料	金85,000円	当月分・⦿翌月分を毎月 25 日まで	振込、口座振替又は持参	振込先金融機関名：とびうお銀行○○支店 預金：普通・当座 口座番号：○○○○ 口座名義人：甲野花子 振込手数料負担者：貸主・⦿借主
共益費	金5,000円	当月分・⦿翌月分を毎月 25 日まで		持参先：
敷　金	賃料 2 か月相当分　170,000 円	その他一時金		
附属施設使用料	物置使用料　月100円			
その他				

（4）貸主及び管理業者

貸　主 (社名・代表者)	住　所　〒156-0057　東京都世田谷区××○-○-○ 氏　名　甲野花子　　電話番号　03-○○○○-○○○○
管理業者 (社名・代表者)	所在地　〒156-0057　東京都世田谷区××○-○-○ 商号(名称)○○不動産　丙川光男　電話番号　03-○○○○-○○○○ 賃貸住宅管理業者登録番号　国土交通大臣（○○）第　○○○○号

＊貸主と建物の所有者が異なる場合は、次の欄も記載すること。

建物の所有者	住　所　〒 氏　名　　　　　　　　　　　電話番号

（5）借主及び同居人

	借　主	同　居　人
氏　名	(氏名) 乙山一美 (年齢) 20 歳 (電話番号) 03-○○○○-○○○○	(氏名)　　　　　　　　　(年齢)　歳 (氏名)　　　　　　　　　(年齢)　歳 (氏名)　　　　　　　　　(年齢)　歳 合計　　　人
緊急時の連絡先	住　所　〒198-0023　東京都青梅市××町○-○-○ 氏　名　乙山一彦　電話番号0428-○○-○○○○　借主との関係　父	

（6）連帯保証人及び極度額

連帯保証人	住　所　〒151-0064　東京都渋谷区××○-○-○ 氏　名　戊川武史　電話番号　03-○○-○○○○
極　度　額	100万円

第1条（契約の締結）　貸主（以下「甲」という）及び借主（以下「乙」という）は、頭書(1)に記載する賃貸借の目的物（以下「本物件」という）について、以下の条項により賃貸借契約（以下「本契約」という）を締結した。

第2条（契約期間及び更新）　契約期間は、頭書(2)に記載するとおりとする。

2　甲及び乙は、協議の上、本契約を更新することができる。

第3条（使用目的）　乙は、居住のみを目的として本物件を使用しなければならない。

第4条（賃料）　乙は、頭書(3)の記載に従い、賃料を甲に支払わなければならない。

2　1か月に満たない期間の賃料は、1か月を30日として日割計算した額とする。

3　甲及び乙は、次の各号の一に該当する場合には、協議の上、賃料を改定することができる。

　一　土地又は建物に対する租税その他の負担の増減により賃料が不相当となった場合

　二　土地又は建物の価格の上昇又は低下その他の経済事情の変動により賃料が不相当となった場合

　三　近傍同種の建物の賃料に比較して賃料が不相当となった場合

第5条（共益費）　乙は、階段、廊下等の共用部分の維持管理に必要な光熱費、上下水道使用料、清掃費等（以下この条において「維持管理費」という）に充てるため、共益費を甲に支払うものとする。

2　前項の共益費は、頭書(3)の記載に従い、支払わなければならない。

3　1か月に満たない期間の共益費は、1か月を30日として日割計算した額とする。

4　甲及び乙は、維持管理費の増減により共益費が不相当となったときは、協議の上、共益費を改定することができる。

第6条（敷金）　乙は、本契約から生じる債務の担保として、頭書(3)に記載する敷金を甲に交付するものとする。

2　甲は、乙が本契約から生じる債務を履行しないときは、敷金をそ

の債務の弁済に充てることができる。この場合において、乙は、本物件を明け渡すまでの間、敷金をもって当該債務の弁済に充てることを請求することができない。

3　甲は、本物件の明渡しがあったときは、遅滞なく、敷金の全額を乙に返還しなければならない。ただし、本物件の明渡し時に、賃料の滞納、第15条に規定する原状回復に要する費用の未払いその他の本契約から生じる乙の債務の不履行が存在する場合には、甲は、当該債務の額を敷金から差し引いた額を返還するものとする。

4　前項ただし書の場合には、甲は、敷金から差し引く債務の額の内訳を乙に明示しなければならない。

第7条（反社会的勢力の排除）　甲及び乙は、それぞれ相手方に対し、次の各号の事項を確約する。
　一　自らが、暴力団、暴力団関係企業、総会屋若しくはこれらに準ずる者又はその構成員（以下総称して「反社会的勢力」という）ではないこと。
　二　自らの役員（業務を執行する社員、取締役、執行役又はこれらに準ずる者をいう）が反社会的勢力ではないこと。
　三　反社会的勢力に自己の名義を利用させ、この契約を締結するものでないこと。
　四　自ら又は第三者を利用して、次の行為をしないこと。
　　ア　相手方に対する脅迫的な言動又は暴力を用いる行為
　　イ　偽計又は威力を用いて相手方の業務を妨害し、又は信用を毀損する行為

2　乙は、甲の承諾の有無にかかわらず、本物件の全部又は一部につき、反社会的勢力に賃借権を譲渡し、又は転貸してはならない。

第8条（禁止又は制限される行為）　乙は、甲の書面による承諾を得ることなく、本物件の全部又は一部につき、賃借権を譲渡し、又は転貸してはならない。

2　乙は、甲の書面による承諾を得ることなく、本物件の増築、改築、移転、改造若しくは模様替又は本物件の敷地内における工作物の設置を行ってはならない。

3　乙は、本物件の使用に当たり、別表第1に掲げる行為を行ってはな

らない。

4　乙は、本物件の使用に当たり、甲の書面による承諾を得ることなく、別表第2に掲げる行為を行ってはならない。

5　乙は、本物件の使用に当たり、別表第3に掲げる行為を行う場合には、甲に通知しなければならない。

第9条（契約期間中の修繕）　甲は、乙が本物件を使用するために必要な修繕を行わなければならない。この場合の修繕に要する費用については、乙の責めに帰すべき事由により必要となったものは乙が負担し、その他のものは甲が負担するものとする。

2　前項の規定に基づき甲が修繕を行う場合は、甲は、あらかじめ、その旨を乙に通知しなければならない。この場合において、乙は、正当な理由がある場合を除き、当該修繕の実施を拒否することができない。

3　乙は、本物件内に修繕を要する箇所を発見したときは、甲にその旨を通知し修繕の必要について協議するものとする。

4　前項の規定による通知が行われた場合において、修繕の必要が認められるにもかかわらず、甲が正当な理由なく修繕を実施しないときは、乙は自ら修繕を行うことができる。この場合の修繕に要する費用については、第1項に準ずるものとする。

5　乙は、別表第4に掲げる修繕について、第1項に基づき甲に修繕を請求するほか、自ら行うことができる。乙が自ら修繕を行う場合においては、修繕に要する費用は乙が負担するものとし、甲への通知及び甲の承諾を要しない。

第10条（契約の解除）　甲は、乙が次に掲げる義務に違反した場合において、甲が相当の期間を定めて当該義務の履行を催告したにもかかわらず、その期間内に当該義務が履行されないときは、本契約を解除することができる。

一　第4条第1項に規定する賃料支払義務

二　第5条第2項に規定する共益費支払義務

三　前条第1項後段に規定する乙の費用負担義務

2　甲は、乙が次に掲げる義務に違反した場合において、甲が相当の期間を定めて当該義務の履行を催告したにもかかわらず、その期間内に当該義務が履行されずに当該義務違反により本契約を継続することが

困難であると認められるに至ったときは、本契約を解除することができる。
　一　第3条に規定する本物件の使用目的遵守義務
　二　第8条各項に規定する義務（同条第3項に規定する義務のうち、別表第1第六号から第八号に掲げる行為に係るものを除く）
　三　その他本契約書に規定する乙の義務
3　甲又は乙の一方について、次のいずれかに該当した場合には、その相手方は、何らの催告も要せずして、本契約を解除することができる。
　一　第7条第1項各号の確約に反する事実が判明した場合
　二　契約締結後に自ら又は役員が反社会的勢力に該当した場合
4　甲は、乙が第7条第2項に規定する義務に違反した場合又は別表第1第六号から第八号に掲げる行為を行った場合には、何らの催告も要せずして、本契約を解除することができる。

第11条（乙からの解約）　乙は、甲に対して少なくとも30日前に解約の申入れを行うことにより、本契約を解約することができる。
2　前項の規定にかかわらず、乙は、解約申入れの日から30日分の賃料（本契約の解約後の賃料相当額を含む）を甲に支払うことにより、解約申入れの日から起算して30日を経過する日までの間、随時に本契約を解約することができる。

第12条（一部滅失等による賃料の減額等）　本物件の一部が滅失その他の事由により使用できなくなった場合において、それが乙の責めに帰することができない事由によるものであるときは、賃料は、その使用できなくなった部分の割合に応じて、減額されるものとする。この場合において、甲及び乙は、減額の程度、期間その他必要な事項について協議するものとする。
2　本物件の一部が滅失その他の事由により使用できなくなった場合において、残存する部分のみでは乙が賃借をした目的を達することができないときは、乙は、本契約を解除することができる。

第13条（契約の終了）　本契約は、本物件の全部が滅失その他の事由により使用できなくなった場合には、これによって終了する。

第14条（明渡し）　乙は、本契約が終了する日までに（第10条の規定に基づき本契約が解除された場合にあっては、直ちに）、本物件を明け

渡さなければならない。

2　乙は、前項の明渡しをするときには、明渡し日を事前に甲に通知しなければならない。

第15条（明渡し時の原状回復）　乙は、通常の使用に伴い生じた本物件の損耗及び本物件の経年変化を除き、本物件を原状回復しなければならない。ただし、乙の責めに帰することができない事由により生じたものについては、原状回復を要しない。

2　甲及び乙は、本物件の明渡し時において、契約時に特約を定めた場合は当該特約を含め、別表第5の規定に基づき乙が行う原状回復の内容及び方法について協議するものとする。

第16条（立入り）　甲は、本物件の防火、本物件の構造の保全その他の本物件の管理上とくに必要があるときは、あらかじめ乙の承諾を得て、本物件内に立ち入ることができる。

2　乙は、正当な理由がある場合を除き、前項の規定に基づく甲の立入りを拒否することはできない。

3　本契約終了後において本物件を賃借しようとする者又は本物件を譲り受けようとする者が下見をするときは、甲及び下見をする者は、あらかじめ乙の承諾を得て、本物件内に立ち入ることができる。

4　甲は、火災による延焼を防止する必要がある場合その他の緊急の必要がある場合においては、あらかじめ乙の承諾を得ることなく、本物件内に立ち入ることができる。この場合において、甲は、乙の不在時に立ち入ったときは、立入り後その旨を乙に通知しなければならない。

第17条（連帯保証人）　連帯保証人（以下「丙」という）は、乙と連帯して、本契約から生じる乙の債務を負担するものとする。本契約が更新された場合においても、同様とする。

2　前項の丙の負担は、頭書(6)及び記名押印欄に記載する極度額を限度とする。

3　丙が負担する債務の元本は、乙又は丙が死亡したときに、確定するものとする。

4　丙の請求があったときは、甲は、丙に対し、遅滞なく、賃料及び共益費等の支払状況や滞納金の額、損害賠償の額等、乙の全ての債務の額等に関する情報を提供しなければならない。

第18条（協議） 甲及び乙は、本契約書に定めがない事項及び本契約書の条項の解釈について疑義が生じた場合は、民法その他の法令及び慣行に従い、誠意をもって協議し、解決するものとする。

第19条（特約条項） 第18条までの規定以外に、本契約の特約については、下記のとおりとする。

甲： 甲野　花子　㊞ 乙： 乙山　一美　㊞

別表第1 (第8条第3項関係)

一	銃砲、刀剣類又は爆発性、発火性を有する危険な物品等を製造又は保管すること。
二	大型の金庫その他の重量の大きな物品等を搬入し、又は備え付けること。
三	排水管を腐食させるおそれのある液体を流すこと。
四	大音量でテレビ、ステレオ等の操作、ピアノ等の演奏を行うこと。
五	猛獣、毒蛇等の明らかに近隣に迷惑をかける動物を飼育すること。
六	本物件を、反社会的勢力の事務所その他の活動の拠点に供すること。
七	本物件又は本物件の周辺において、著しく粗野若しくは乱暴な言動を行い、又は威勢を示すことにより、付近の住民又は通行人に不安を覚えさせること。
八	本物件に反社会的勢力を居住させ、又は反復継続して反社会的勢力を出入りさせること。

別表第2 (第8条第4項関係)

一	階段、廊下等の共用部分に物品を置くこと。
二	階段、廊下等の共用部分に看板、ポスター等の広告物を掲示すること。
三	観賞用の小鳥、魚等であって明らかに近隣に迷惑をかけるおそれのない動物以外の犬、猫等の動物(別表第1第五号に掲げる動物を除く)を飼育すること。

別表第3 (第8条第5項関係)

一	頭書(5)に記載する同居人に新たな同居人を追加(出生を除く)すること。
二	1か月以上継続して本物件を留守にすること。

別表第4 (第9条第5項関係)

ヒューズの取替え	蛇口のパッキン、コマの取替え
風呂場等のゴム栓、鎖の取替え	電球、蛍光灯の取替え
その他費用が軽微な修繕	

別表第5（第15条関係）

【原状回復の条件について】
　本物件の原状回復条件は、下記Ⅱの「例外としての特約」による以外は、賃貸住宅の原状回復に関する費用負担の一般原則の考え方によります。すなわち、
・借主の故意・過失、善管注意義務違反、その他通常の使用方法を超えるような使用による損耗等については、借主が負担すべき費用となる。なお、震災等の不可抗力による損耗、上階の居住者など借主と無関係な第三者がもたらした損耗等については、借主が負担すべきものではない。
・建物・設備等の自然的な劣化・損耗等（経年変化）及び借主の通常の使用により生ずる損耗等（通常損耗）については、貸主が負担すべき費用となる
ものとします。
　その具体的内容は、国土交通省の「原状回復をめぐるトラブルとガイドライン（再改訂版）」において定められた別表1及び別表2のとおりですが、その概要は、下記Ⅰのとおりです。

Ⅰ　本物件の原状回復条件
（ただし、民法第90条並びに消費者契約法第8条、第8条の2、第9条及び第10条に反しない内容に関して、下記Ⅱの「例外としての特約」の合意がある場合は、その内容によります。）

1　貸主・借主の修繕分担表

貸主の負担となるもの	借主の負担となるもの
【床（畳・フローリング・カーペットなど）】	
1. 畳の裏返し、表替え（特に破損してないが、次の入居者確保のために行うもの） 2. フローリングのワックスがけ 3. 家具の設置による床、カーペットのへこみ、設置跡 4. 畳の変色、フローリングの色落ち（日照、建物構造欠陥による雨漏りなどで発生したもの）	1. カーペットに飲み物等をこぼしたことによるシミ、カビ（こぼした後の手入れ不足等の場合） 2. 冷蔵庫下のサビ跡（サビを放置し、床に汚損等の損害を与えた場合） 3. 引越作業等で生じた引っかきキズ 4. フローリングの色落ち（借主の不注意で雨が吹き込んだことなどによるもの）
【壁、天井（クロスなど）】	
1. テレビ、冷蔵庫等の後部壁面の黒ずみ（いわゆる電気ヤケ） 2. 壁に貼ったポスターや絵画の跡 3. 壁等の画鋲、ピン等の穴（下地ボードの張替えは不要な程度のもの） 4. エアコン（借主所有）設置による壁のビス穴、跡 5. クロスの変色（日照などの自然現象によるもの）	1. 借主が日常の清掃を怠ったための台所の油汚れ（使用後の手入れが悪く、ススや油が付着している場合） 2. 借主が結露を放置したことで拡大したカビ、シミ（貸主に通知もせず、かつ、拭き取るなどの手入れを怠り、壁等を腐食させた場合） 3. クーラーから水漏れし、借主が放置したため壁が腐食 4. タバコ等のヤニ、臭い（喫煙等によりクロス等が変色したり、臭いが付着している場合） 5. 壁等のくぎ穴、ネジ穴（重量物をかけるためにあけたもので、下地ボードの張替えが必要な程度のもの） 6. 借主が天井に直接つけた照明器具の跡 7. 落書き等の故意による毀損
【建具等、襖、柱等】	
1. 網戸の張替え（特に破損はしてないが、次の入居者確保のために行うもの） 2. 地震で破損したガラス 3. 網入りガラスの亀裂（構造により自然に発生したもの）	1. 飼育ペットによる柱等のキズ、臭い（ペットによる柱、クロス等にキズが付いたり、臭いが付着している場合） 2. 落書き等の故意による毀損
【設備、その他】	
1. 専門業者による全体のハウスクリーニング（借主が通常の清掃を実施している場合） 2. エアコンの内部洗浄（喫煙等の臭いなどが付着していない場合） 3. 消毒（台所・トイレ） 4. 浴槽、風呂釜等の取替え（破損等はしていないが、次の入居者確保のために行うもの） 5．鍵の取替え（破損、鍵紛失のない場合） 6. 設備機器の故障、使用不能（機器の寿命によるもの）	1. ガスコンロ置き場、換気扇等の油汚れ、すす（借主が清掃・手入れを怠った結果汚損が生じた場合） 2. 風呂、トイレ、洗面台の水垢、カビ等（借主が清掃・手入れを怠った結果汚損が生じた場合） 3. 日常の不適切な手入れ又は用法違反による設備の毀損 4. 鍵の紛失又は破損による取替え 5. 戸建賃貸住宅の庭に生い茂った雑草

2 借主の負担単位

負担内容			借主の負担単位	経過年数等の考慮
床	毀損部分の補修	畳	原則一枚単位 毀損部分が複数枚の場合はその枚数分 （裏返しか表替えかは、毀損の程度による）	（畳表） 経過年数は考慮しない。
		カーペット クッション フロア	毀損等が複数箇所の場合は、居室全体	（畳床・カーペット・クッションフロア） 6年で残存価値1円となるような負担割合を算定する。
		フローリング	原則㎡単位 毀損等が複数箇所の場合は、居室全体	（フローリング） 補修は経過年数を考慮しない。 （フローリング全体にわたる毀損等があり、張り替える場合は、当該建物の耐用年数で残存価値1円となるような負担割合を算定する。）
壁・天井（クロス）	毀損部分の補修	壁（クロス）	㎡単位が望ましいが、借主が毀損した箇所を含む一面分までは張替え費用を借主負担としてもやむをえないとする。	（壁〔クロス〕） 6年で残存価値1円となるような負担割合を算定する。
		タバコ等のヤニ、臭い	喫煙等により当該居室全体においてクロス等がヤニで変色したり臭いが付着した場合のみ、居室全体のクリーニング又は張替え費用を借主負担とすることが妥当と考えられる。	
建具・柱	毀損部分の補修	襖	1枚単位	（襖紙、障子紙） 経過年数は考慮しない。
		柱	1枚単位	（襖、障子等の建具部分、柱） 経過年数は考慮しない。
設備・その他	設備の補修	設備機器	補修部分、交換相当費用	（設備機器） 耐用年数経過時点で残存価値1円となるような直線（又は曲線）を想定し、負担割合を算定する。
	鍵の返却	鍵	補修部分 紛失の場合は、シリンダーの交換も含む。	鍵の紛失の場合は、経過年数は考慮しない。交換費用相当分を借主負担とする。
	通常の清掃※	クリーニング ※通常の清掃や退去時の清掃を怠った場合のみ	部位ごと、又は住戸全体	経過年数は考慮しない。借主負担となるのは、通常の清掃を実施していない場合で、部位又は住戸全体の清掃費用相当分を借主負担とする。

設備等の経過年数と借主負担割合（耐用年数6年及び8年、定額法の場合）
借主負担割合（原状回復義務がある場合）

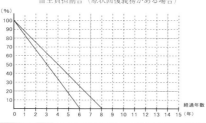

3 原状回復工事施工目安単価位
(物件に応じて、空欄に「対象箇所」、「単位」、「単価(円)」を記入して使用してください。)

		対象箇所	単位	単価(円)
	床	フローリング(洋室)	1㎡	○○○円
		フローリング(キッチン)	1㎡	○○○円
	天井・壁	天井	1㎡	○○○円
		壁	1㎡	○○○円
	建具・柱	網戸	1枚	○○○円
設備・その他	共通	照明器具	1個	○○○円
	玄関・廊下	玄関ドアの鍵	1個	○○○円
	台所・キッチン	給湯器類	1式	○○○円
	浴室・洗面所・トイレ	給排水設備	1式	○○○円
	その他	物置	1㎡	○○○円

※この単価は、あくまでも目安であり、入居時における賃借人・賃貸人双方で負担の概算額を認識するためのものです。
※従って、退去時においては、資材の価格や在庫状況の変動、毀損の程度や原状回復施工方法等を考慮して、賃借人・賃貸人双方で協議した施工単価で原状回復工事を実施することとなります。

Ⅱ 例外としての特約
原状回復に関する費用の一般原則は上記のとおりですが、賃借人は、例外として、下記の費用については、賃借人の負担とすることに合意します(但し、民法第90条及び消費者契約法第8条、第8条の2、第9条、及び第10条に反しない内容に限ります)。
(括弧内は、本来は賃貸人が負担すべきものである費用を、特別に賃借人が負担することとする理由。)

```
　　　　　　　　甲： 甲野 花子    印
　　　　　　　　乙： 乙山 一美    印
```

記名押印欄

　下記貸主（甲）と借主（乙）は、本物件について上記のとおり賃貸借契約を締結し、また甲と連帯保証人（丙）は、上記のとおり乙の債務について保証契約を締結したことを証するため、本契約書3通を作成し、甲乙丙記名押印の上、各自その1通を保有する。

平成　30 年　3 月　25 日

貸主（甲）　住所 〒156-0057　東京都世田谷区○○ ○-○-○
　　　　　　氏名　甲野花子　　　　　　　　　　　㊞

借主（乙）　住所 〒198-0023　東京都青梅市○○町 ○-○-○
　　　　　　氏名　乙山一美　　　　　　　　　　　㊞
　　　　　　電話番号 03-○○○○-○○○○

連帯保証人　住所 〒151-0064　東京都渋谷区×× ○-○-○
　（丙）　　氏名　戊川武史　　　　　　　　　　　㊞
　　　　　　電話番号 03-○○○○-○○○○
　　　　　　極度額　100万円

㊝媒介　免許証番号 〔 東京 〕㊝知事・国土交通大臣（　×　）第○○○○号
　業者
　代理　事務所所在地　東京都世田谷区○○ ○-○-○

　　　　商号（名称）　○○不動産

　　　　代表者氏名　丙川光男　　　　　　　　　㊞

　　　　宅地建物取引士　登録番号 〔 東京 〕知事　第○○○○号

　　　　　　　　　　　　　　　　氏名　丁本和代　㊞

第4章　借家契約を結ぶときの書式

アドバイス

①本書式は、2017年の改正民法などに対応した、2018年3月改訂版の国土交通省作成の「賃貸住宅標準契約書」をベースにしています。実際には、それぞれの事情を考慮して修正するのがよいでしょう。

②貸主から建物賃貸借契約の更新拒絶を行えるのは、契約満了前1年から6か月の間に限られる他、更新を拒絶する正当事由が必要です（借地借家法26、28条）。上記期間内に貸主から正当事由のある更新拒絶がなかった場合は、法定更新（12ページ）されますが、更新後は期間の定めがない賃貸借になります。

③敷金は借主の債務不履行を担保するお金です。貸主は、契約終了後の退去時に、借主に未払債務（家賃や共益費など）がなければ敷金の全額を返還し、未払債務があればそれを差し引いた残額を返還します。なお、借主が部屋を乱暴に扱ったり、設備を破損・汚損させていた場合、貸主は退去時に修理・交換費用を敷金から差し引くことができます。

④第8条は、禁止事項や賃貸人の承諾を求めている事項についての規定です。たとえば、禁止事項としては「大音量でのテレビやステレオの使用」「危険物の製造・保管」「猛獣の飼育」などが別表第1（127ページ）で規定されています。

⑤第10条に詳細な規定がありますが、賃料延滞や無断転貸などの正当な理由がなければ、貸主からの解除はできません。

⑥保証とは、借主が貸主に対し負担する債務（家賃支払義務、明渡義務など）を、保証人自らが貸主に対し履行することを約束することです。保証には通常の保証と連帯保証があります。第17条に規定されている連帯保証人は通常の保証人と異なり、賃借人と連帯して支払義務を負うため、貸主は借主に請求しなくても直ちに連帯保証人に家賃などを請求できます。

⑦2017年成立の改正民法では、個人が一定の不特定多数の債務を保証する根保証契約を締結する場合に、極度額を定めなければ保証契約自体が無効になるため注意が必要です。

書式3 賃貸住宅標準契約書別表第2に掲げる行為の実施承諾書

○年○月○日

ペット飼育（契約書別表第2に掲げる行為の実施）の承諾についてのお願い

（貸主）　住所　東京都世田谷区××○-○-○
　　　　　氏名　甲野 花子 殿

　　　　　　　　　（借主）　住所　東京都青梅市○○町○-○-○
　　　　　　　　　　　　　　氏名　乙山 一美 ㊞

私が賃借している下記（1）の住宅において、契約書別表第2第三号に当たる下記（2）の行為を行いたいので、承諾願います。

(1) 住　宅	名　　称	○×アパート
	所在地	東京都世田谷区××○丁目○○番地○
	住戸番号	105号室
(2) 行為の内容		ペット（犬2匹）の飼育

- -

承　諾　書

上記について、承諾いたします。
（なお、　　　　　　　　　　　　　　　　　　　　　　　　　　　）

○年○月○日

（貸主）　住所　東京都世田谷区××○-○-○
　　　　　氏名　甲野 花子 ㊞

アドバイス

①借主が「賃貸住宅標準契約書」別表第2に該当する行為について、貸主に許諾を得るために用いる書式（賃貸住宅標準契約書第8条第4項関係）です。

②本書式はペット飼育の許諾を求める内容ですが、借主が以下の別表第2記載の各行為を行う場合には、貸主の許諾が必要です。

・階段、廊下などの共用部分に物品を置く行為
・階段、廊下などの共用部分に看板・ポスターなどの広告物を掲示する行為
・鑑賞用の小鳥・魚など近隣住民などに迷惑をかけるおそれがない動物以外の、犬や猫などの動物を飼育すること（本書式は犬の飼育の例）

書式4 期間の定めがない建物賃貸借契約書

建物賃貸借契約書

本日、甲乙間にて、後記建物（以下、「本物件」という）について、次のとおり合意に達し、建物賃貸借契約（以下、「本契約」という）を締結した。

第1条（目的） 甲は乙に対して、甲所有の本物件を賃貸し、乙は、居住の目的に使用するため、本物件を賃借する。

第2条（賃料） 本契約の賃料は、1か月金○○○○円とし、毎月末日限り翌月分を、甲の指定する後記の銀行口座に振り込んで支払うものとする。

第3条（期間） 本契約の期間はこれを定めない。

第4条（敷金） 乙は甲に対し、敷金として、賃料の○か月分を支払い、甲はこれを無利息で預るものとする。

2　本契約終了後、乙から本件建物の明渡しを受けると同時に、甲は乙より預かっている敷金の残額を乙に返還する。

3　敷金が不足した場合は、甲は乙に対してこれを請求することができ、乙は遅滞なく不足分を充当しなければならない。

第5条（賃料の改定） 第2条の賃料は、本物件の公租公課、土地もしくは建物の価格その他経済事情の変動、又は、近隣の建物賃料相場に照らして不相当となった場合には、甲乙双方は、相手方に対して、その改定を請求することができる

第6条（負担） 甲は、本物件の公租公課、及び本物件の維持、保全にかかる費用を負担する。

2　乙は、その使用によって生ずる水道、電気及びガスの使用料など、ライフラインに関する費用その他通常の使用により生じる費用、並びに畳の表替え、建具の張替えなど本物件の通常の使用による消耗の補修及び小規模修繕の費用を負担する。

第7条（禁止事項） 甲は、甲の文書による同意なくして、乙が以下の各

号に掲げる行為をすることを禁止する。
　① 本契約に基づく賃借権を第三者に譲渡し、又は本物件を転貸すること
　② 本物件を増改築し、又は本物件に造作を設置すること

第8条（解約の申入れ）甲乙双方は、相手方に対して、書面により本契約の解除を申し入れることができる。

2　前項の解約の申入れの書面を相手方が受領した日から次の期間が経過したときに、本契約は終了する。
　① 甲から乙に解約を申し入れた場合　　6か月
　② 乙から甲に解約を申し入れた場合　　3か月

第9条（解約事由）甲は、乙が以下の各号に掲げる事項の1つ以上に該当したときは、催告をしなくとも本契約を解除することができ、これによって損害が生じた場合には、乙に対してその賠償を請求することができる。
　① 第2条の賃料支払いが3か月分以上遅延したとき
　② 本契約の各条項に違反したとき

第10条（明渡、造作買取請求権の排除）乙は、本物件を甲に明渡すときは、自らが施した造作ならびに乙の所有する物件はすべて収去し、原状に復して甲に返還する。

2　前項の履行を確保するため、明渡しには甲の立会いを求めるものとする。

3　第1項にかかわらず、本物件内に乙の所有又は占有していた物件が残った場合には、乙はその権利を放棄したものとみなし、甲はこれを処分することができる。

4　乙は、本契約終了の後、本物件の明渡しが完了しない場合には、本契約終了日から明渡し完了までの期間、第2条に定める賃料の倍額を日割にて支払う。

第11条（損害賠償）乙又は本物件に居住する者の故意又は過失によって本物件を滅失又は毀損した場合は、乙はその損害を賠償する義務を負う。

第12条（連帯保証人）丙を本契約の連帯保証人とし、丙は、本契約による乙の一切の債務を保証し、乙と連帯して履行の責を負う。

第13条（誠心誠意条項）甲及び乙は、本契約に定めのない事項又は本

契約に疑義を生じたときは、信義誠実の原則によって双方協議して解決するものとする。

第14条（合意管轄裁判所） 甲及び乙は、本契約にかかる紛争は、甲の住所地を管轄する地方裁判所又は簡易裁判所を第一審の管轄裁判所とすることに合意した。

以上の契約の成立を証するため、甲乙丙それぞれ記名押印して本書3通を作成し、各自1通を保有する。

平成○○年○月○日

（物件の表示）
　　所　　在　　○○区××○丁目○○番地○
　　家屋番号　　○○番○
　　構　　造　　木造瓦葺2階建
　　床 面 積　　1階　　○○.○○㎡
　　　　　　　　2階　　○○.○○㎡
（賃料振込口座）
　　○○銀行○○支店　普通口座○○○○○○○
　　口座名義人　甲野一郎

　　　　　　　　　（甲）住所　東京都○○区××○丁目○番○号
　　　　　　　　　　　　氏名　　○○○○　㊞
　　　　　　　　　（乙）住所　東京都○○区××○丁目○番○号
　　　　　　　　　　　　氏名　　○○○○　㊞
　　　　　　　　　（丙）住所　東京都○○区××○丁目○番○号
　　　　　　　　　　　　氏名　　○○○○　㊞

アドバイス ①建物の賃貸借契約は、一般には何年間かの期間を定めて締結します。定めた期間を超えて契約が必要な場合は更新の形をとるのが一般的です。しかし、法律上は期間の定めがない建物の賃貸借契約は有効で、この場合も借地借家法の適用があります。

②したがって、賃料、禁止事項、解除事由、明渡方法、造作の可否などに関する事項は、借地借家法の制限に留意しつつ、相互の誤解を防止するためにも明記しておくべきでしょう。

③期間を定めない場合の注意事項は次のとおりです。

ⓐ期間の定めの有無によって、借地借家法上の取扱いに差異が生じるので、期間の定めがないことを明記するべきでしょう（第3条）。

ⓑ期間の定めのない賃貸借契約の終了は、解約の申入れによることが多いので、その事項を明記します（第8条）。借地借家法上、賃貸人からの解約には6か月の経過が要求され、しかも「正当事由」が必要です。何が「正当事由」となるかは厳格に判断されるので、契約時から注意が必要です。

ⓒ賃料の改定や敷金の充当に関する規定は、期間の定めがある場合は更新の規定とともに明記するのが一般的です。しかし、期間の定めがない場合は更新の機会がないため、第4条や第5条のような形で、必ず規定を設けるようにします。

④前項以外の注意事項は、②とあわせて、期間の定めがある場合と同様です。

⑤第10条の「造作」とは、借家人が賃貸人の同意を得て借家に設置したもので、畳、建具、クーラーなどが該当します。借家人に認められる造作買取請求権は、本条のような規定を置いて、造作買取請求権を排除するケースが多いようです。

⑥第13条の信義誠実の原則とは、相互に相手方の信頼を裏切らないように行動すべきであるという法原則のことで、略して信義則とも呼ばれます。

書式 5　事務用ビルの賃貸借契約書

貸室賃貸借契約書

　甲・賃貸人　甲野一郎
　乙・賃借人　株式会社乙川商事

　本日、甲乙間にて、次のとおり後記記載の貸室（以下、「本件貸室」という）について、貸室賃貸借契約を以下の内容にて締結する。

第1条（目的）　甲は乙に対し、甲所有の本件貸室を展示室兼事務所として賃貸する。
2　乙は、前項の目的以外の用途に本件貸室を使用してはならない。
第2条（賃料）　本件賃貸借の賃料は、1か月金〇〇〇〇円とする。
2　前項の賃料は、毎月末日限り翌月分を、甲の指定する以下の銀行口座に乙が振り込んで支払う。
　〇〇銀行〇〇支店　普通口座〇〇〇〇〇〇〇
　口座名義人　甲野一郎
第3条（賃料の改定）　前条の賃料は、本件貸室に対する公租公課、価格その他経済事情の変動、又は、近隣の建物賃料相場に照らして不相当となった場合は、甲乙双方協議の上、これを改定することができる。
第4条（契約期間）　本契約の契約期間は、平成〇〇年〇月〇日より平成〇〇年〇月〇日までの3年間とする。
第5条（契約の更新）　甲乙いずれかから前条の期間満了6か月前までに、本契約を更新しない旨の申出のないときは、本契約は、期間満了の日から3年間の存続期間を定めて自動的に更新されるものとし、以後も同様とする。
2　更新の合意をした場合及び前項により本契約を更新するときは、乙は甲に対し、更新料として更新後の新賃料の1か月分相当額の金員を支払うものとする。
第6条（保証金）　乙は、本契約締結と同時に、保証金として金〇〇〇〇円を甲に預託する。
2　前項の保証金には利息を付さない。
3　本契約終了により、乙が本件貸室の明渡しを完了した後、甲は遅滞なく保証金を返還する。
4　前項の返還に際して、甲は次の各号の控除をすることができる。
　①　償却金として保証金の〇％

② 乙の甲に対する本契約による債務がある場合はその債務

第7条（共益費、設備費） 乙は甲に対して、第2条の賃料の他、上下水道、電気、ガス料金、清掃費及び冷暖房費その他本件貸室の使用に付随する設備の諸経費をあわせて支払うものとする。

第8条（修繕費） 甲は、本件貸室及び本件貸室を含む建物の維持管理に必要な修繕を行う。

2　乙は、本件貸室の通常の使用に必要となる修繕費用、及び通常の使用によらない修繕費用のうち乙の責めに帰すべき事由によって生じた修繕費用のすべてを負担する。

第9条（使用規約の遵守） 乙は、本契約に定める事項の他、建物維持管理のため甲が定めたビル使用規約を遵守しなければならない。

第10条（譲渡、転貸の禁止） 乙は、甲の書面による事前の承諾がある場合を除き、本契約に基づく賃借権を第三者に譲渡し、又は本件貸室を転貸、もしくは事実上第三者に占有又は使用させてはならない。

第11条（明渡、造作買取請求権） 乙は、甲の書面による事前の承諾がある場合を除き、本件貸室に造作又は設備の備付け等、原状の変更をしてはならない。

2　乙は、甲の事前の承諾を得て本件貸室の原状を変更した場合、本契約終了時に本件貸室を原状に復して甲に明け渡すものとする。この場合、乙は甲に対し、造作買取請求その他いかなる名目の金銭をも請求しない。

第12条（解除事由） 乙に以下の各号に掲げる事由の一が生じた場合、甲は催告なくして、本契約を解除することができる。

① 賃料又は共益費の支払いを3か月分以上遅滞したとき
② 他の債務につき、差押その他強制執行、競売、破産の申立てを受け、又は破産、会社更生、民事再生の申立てをしたとき
③ 手形、小切手の不渡処分を受けたとき
④ 本契約の各条項に違反したとき

第13条（誠心誠意条項） 甲及び乙は、本契約に定めのない事項が生じたとき、又は本契約の各条項に疑義を生じたときは、信義誠実の原則に従い双方これを協議して解決を図るものとする。

第14条（合意管轄裁判所） 甲及び乙は、本契約に関する紛争の合意管轄裁判所を、乙の住所地を管轄する地方裁判所又は簡易裁判所とすることに合意した。

以上の契約の成立を証するため、甲乙記名押印して本書2通を作成し、各自1通を保有する。

平成○○年○月○日

　　　　　　　　　　　　　　　東京都○○区××○丁目○番○号
　　　　　　　　　　　　　　　　甲（賃貸人）甲野一郎　㊞
　　　　　　　　　　　　　　　東京都○○市○○○町○○○番地
　　　　　　　　　　　　　　　乙（賃借人）株式会社乙川商事
　　　　　　　　　　　　　　　　　代表取締役　乙川一郎　㊞
　　　　　　　　　　　　　記
〈本件貸室の表示〉
　　所在地　　○○区××○丁目
　　家屋番号　○○○○番
　　構　　造　鉄骨鉄筋コンクリート造5階建
　　床面積　　○○.○○㎡
　　本件貸室　○ビル○階○号室

アドバイス

①オフィスビル、テナントビル等では、居住用ではなく、事務所用や店舗用として、建物内の一室を賃貸に出すのが一般的です。

②建物の表示は、契約書内でも別添でもかまいませんが、登記事項証明書などを引用する他、建物の一室ですから、本書式のように階数、号室などを記載して特定します。

③本書式は、第9条の使用規約に定めがあることを想定しているので記載がありませんが、別途、共用部分（エレベーター、廊下、階段など）の使用に関して規約がある場合は明記が必要です。

④建物の使用目的は、人の往来の多少、機械器具の使用の有無など建物の消耗に影響する他、賃料・保証金にも深く関係し、賃貸人にとって重要な事項であるため、必ず明記します（第1条）。

⑤居住用の場合と異なり、敷金の代わりに保証金を預託するのが一般的です（第6条）。保証金は、本書式のように賃料債務等に充当される他、居住用よりも消耗が激しいことから、修繕・補修などにも充てられます。

⑥契約期間、更新、賃料、禁止事項、解除事由、終了時の明渡方法などを明記すべきことは、居住用の場合と同様です。

書式6　マンションの賃貸借契約書

マンション賃貸借契約書

　賃貸人○○○○（以下、「甲」という）と賃借人○○○○（以下、「乙」という）は、甲が所有する後記物件表示に記載するマンション（以下、「本件マンション」という）について、以下の条項に従ってマンション賃貸借契約を締結する。

第1条（賃貸借）甲は、乙に対し本件マンションを賃貸し、乙はこれを賃借する。

第2条（本契約の期間）本件マンションの賃貸借期間は、平成○○年○月○日から平成○○年○月○日までの○年間とする。

第3条（賃料・管理費）本件マンションの賃料は月額○○万円、管理費は月額○万円とし、乙は、甲に対して、毎月○日までに、その翌月分をあわせて甲が指定する金融機関口座に振込みの方法により支払う。

2　前項の規定にかかわらず、賃料及び管理費が、公租公課の増減により、不動産の価格の上昇もしくは低下その他の経済事情の変動により、又は近傍類似のマンションに比較して不相当となったときは、甲又は乙は、将来に向かってその増減を請求することができる。

第4条（使用目的）乙は、本件マンションを乙の居住用として使用するものとし、その他の目的に使用しない。

第5条（敷金）乙は本契約に関して生ずる乙の債務を担保するため、本契約の成立と同時に、甲に対し敷金として金○○万円を預託する。

2　乙が本契約の終了に伴い、本件マンションを原状に復して明け渡した場合において、甲は本契約に基づいて生じた乙の債務で未払いのものがあるときは、敷金から未払債務額を差し引いて乙に返還する。返還すべき金員には利息を付さない。

3　乙は、本件マンションを原状に復して甲に明け渡すまでの間、敷金返還請求権をもって甲に対する賃料その他の債務と相殺することができない。

第6条（賃借権の譲渡・転貸・原状変更等）乙は、次の場合には、甲の書面による承諾を得なければならない。
① 名義、形式のいかんを問わず、第三者に、本契約に基づく賃借権を譲渡し、又は本件マンションを転貸するとき
② 本件マンションの模様替え、造作、その他の原状変更を行うとき

第7条（契約の解除）以下の各号に掲げる事由が乙に存する場合は、甲は、催告なくして直ちに本契約を解除することができる。
① 第3条に定める賃料又は管理費の支払を3か月分以上遅延したとき
② その他本契約に違反したとき

第8条（契約の更新）甲及び乙は協議の上、本契約を更新することができる。
2 本契約を更新する場合は、乙は甲に対し、更新後の新賃料の○か月分を更新料として支払う。
3 更新後の賃貸借期間は更新の日から○年間とし、以後従前のとおりとする。

第9条（原状回復義務）本契約が終了した時において、本件マンション内に乙の造作その他残置物等が存在する場合は、乙は、自己の費用をもってこれを撤去し、本件マンションを原状に復して甲に返還しなければならない。
2 本件マンションの返還が遅延した場合には、乙は遅延期間に応じ、1日あたり金○○円の遅延損害金を甲に支払わなければならない。

第10条（合意管轄）本契約に係る紛争に関する訴訟は、本件マンションの所在地を管轄する地方裁判所又は簡易裁判所を第一審の管轄裁判所とする。

第11条（協議）本契約に定めのない事項又は本契約の規定の解釈について疑義がある事項については、甲及び乙は、民法その他の法令及び慣行に従い、誠意をもって協議し、解決する。

本契約の成立を証するため、本書を2通作成し、甲乙記名押印の上、各自1通を保有する。

平成○○年○月○日

```
                                    東京都○○区××○丁目○番○号
                                      甲（賃貸人）○○○○    ㊞
                                    東京都○○区××○丁目○番○号
                                      乙（賃借人）○○○○    ㊞

〈本件マンションの表示〉
  名  称  ○○○○
  所在地  東京都○○区××○丁目○○番地○
  室番号  ○○番○
  構  造  ○○○○
  種  別  ○○○○
  床面積  ○○.○○㎡
```

> **アドバイス** ①本例は、マンションの1室を賃借する場合の契約書です。
> ②通常の賃貸住宅標準契約書（119ページ）と内容的に大きな違いはありません。契約期間（賃貸借期間）、賃料、敷金、契約の解除、原状回復義務など、重要な事項については契約書中に明記しておくとよいでしょう。

■ マンションの専有部分と共用部分

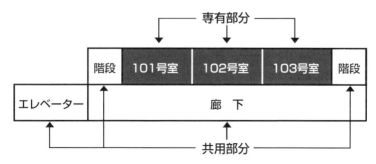

第4章 借家契約を結ぶときの書式

書式7 賃借権の譲渡権利付店舗賃貸借契約書

収入印紙

譲渡権利付（店舗用）賃貸借契約書

賃貸人○○株式会社（以下、「甲」という）と賃借人○○株式会社（以下、「乙」という）は、甲が所有する後記物件表示に記載する店舗（以下、「本件店舗」という）について、以下の条項に従って店舗賃貸借契約を締結する。

第1条（賃貸借）甲は、乙に対し本件店舗を店舗使用の目的で賃貸し、乙はこれを賃借する。

第2条（賃貸借期間）本件店舗の賃貸借期間は、平成○○年○月○日から平成○○年○月○日までの○年間とする。

第3条（賃料・管理費）本件店舗の賃料は月額○○万円、管理費は月額○○円とし、乙は、甲に対して、毎月○日までに、その翌月分をあわせて甲が指定する金融機関口座に振り込んで支払う。

2 　前項の規定にかかわらず、賃料及び管理費が、公租公課の増減により、不動産の価格の上昇もしくは低下その他の経済事情の変動により、又は近傍類似の店舗に比較して不相当となったときは、甲又は乙は、将来に向かってその増減を請求することができる。

第4条（保証金）乙は、本契約に関して生ずる乙の債務を担保するため、本契約の成立と同時に、甲に対し保証金として金○○円を預託する。ただし、保証金には利息を付さない。

2 　甲は前項の保証金を本契約締結の日から5年間据え置き、6年目から毎年○月末日限り金○○円宛計金○○円を年賦で乙に償還し、残額金○○円については甲が本契約の敷金として留保する。ただし、留保した敷金は無利息とする。

第5条（契約の更新） 甲及び乙は協議の上、本契約を更新することができる。

2　更新後の賃貸借期間は更新の日から〇年間とし、以後従前のとおりとする。

第6条（地位の譲渡） 乙は、本契約上の地位を第三者に移転することができる。ただし、正当な理由があるときは、甲はその移転を拒絶することができる。

2　前項の契約上の地位の移転は保証金返還請求権の譲渡を含む。

第7条（契約の解除） 以下の各号に掲げる事由が乙に存する場合は、甲は、催告なくして直ちに本契約を解除することができる。

① 第3条に定める賃料又は管理費の支払いを3か月分以上遅延したとき

② その他本契約に違反したとき

第8条（造作等） 乙が本件店舗の内装・造作などを変更するときは、事前に甲の了承を得なければならない。甲は、正当な理由なくして、その変更を拒むことができない。

第9条（原状回復義務） 本契約が終了する際、本件店舗内に乙の造作その他残置物等が存在する場合は、乙は自己の費用をもってこれを撤去し、本件店舗を原状に復して甲に返還する。

2　本件店舗の返還が遅延した場合には、乙は遅延期間に応じ、1日あたり金〇〇円の遅延損害金を甲に支払わなければならない。

第10条（合意管轄） 本契約に係る紛争に関する訴訟は、本件店舗の所在地を管轄する地方裁判所又は簡易裁判所を第一審の管轄裁判所とする。

第11条（協議事由） 本契約に定めのない事項又は本契約の規定の解釈について疑義がある事項については、甲及び乙は、民法その他の法令及び慣行に従い、誠意をもって協議し、解決する。

本契約の成立を証するため、本書を2通作成し、甲乙記名押印の上、各自1通を保有する。

平成○○年○月○日

　　　　　　　　　　　東京都○○区××○丁目○番○号
　　　　　　　　　　　甲（賃貸人）○○株式会社
　　　　　　　　　　　　代表取締役○○○○　㊞
　　　　　　　　　　　東京都○○区××○丁目○番○号
　　　　　　　　　　　乙（賃借人）○○株式会社
　　　　　　　　　　　　代表取締役○○○○　㊞

〈本件店舗の表示〉
　　所　　　在　東京都○○区××○丁目○○番地○
　　家屋番号　　○○番○
　　種　　　類　店舗
　　構　　　造　○○○○
　　床面積　　　○○.○○㎡

アドバイス

①第4条の保証金は、契約の存続または終了にかかわらず一定期間据え置くもので、損害を担保する通常の保証金とは意味合いが異なります。このような金銭を差し入れる場合、消費貸借に関する契約書に該当するため、契約書記載の金額に基づき収入印紙を貼付することが必要です。

②本書式では第6条において、賃借権の譲渡が認められることが明記されています。賃借権が譲渡されると、新たな賃借人に契約上の地位が移転し、旧賃借人は契約関係から離脱します。

③本書式の第4条第2項の「年賦」とは、年払いのことです。つまり、甲が乙に対して、保証金を年払いで返還していくということです。

書式 8 取締役が自社に建物を賃貸する場合の契約書

建物賃貸借契約書

甲・○○○○を賃貸人とし、乙・株式会社○○○○を賃借人とする後記記載の建物（以下「本件建物」という）の建物賃貸借契約（以下「本件契約」という）について、甲乙は以下のとおり定める。

第1条（目的）甲は乙に本件建物を賃貸し、乙はこれを賃借する。
2　乙の本件建物の使用目的は、会社事務所とすることであり、それ以外の目的をもって使用してはならない。
第2条（賃料）乙は甲に対して、下記内容にて、下記銀行口座に振り込んで賃料を支払うものとする。

記
① 賃料　1か月あたり金○○○○円
② 振込先口座名　○○銀行○支店
　　　　　　　　普通口座　　○○○○○○
　　　　　　　　口座名義人　○○○○
③ 支払期日　毎月末日までに翌月分を支払うものとする

第3条（期間）本契約は、平成○○年○月○日から平成○○年○月○日までの満5年間を存続期間とする。
第4条（更新）本契約の期間満了6か月前までに、甲乙いずれからも何らの申出がない場合、本契約の期間満了日の翌日から同内容の契約が更新されるものとする。
2　前項の規定による更新契約の存続期間は3年間とし、以後も同様とする。
第5条（敷金）乙は本契約の締結と同時に、甲に対し、敷金として金○○○○円を無利息で預託し、甲はこれを受領した。

2　本契約の終了により本件建物の明渡しをする場合、甲は、明渡しを受けた後3か月以内に、前項の敷金から本契約に基づく乙のすべての債務を控除した残額を乙に返還しなければならない。

3　前項の乙の債務が敷金を超過する場合には、乙はその超過分を支払わなければならない。

第6条（取締役会の承認）　乙が自社の取締役である甲から本件建物の賃借を受けることについて、乙において、平成○○年○月○日、取締役会の承認を得たことを甲乙は相互に確認する。

第7条（取締役の退任）　本契約の継続中に、甲が乙の取締役を退任した場合であっても、本契約は終了しないものとする。

第8条（協議）　本契約に定めのない事項や本契約の条項をめぐる解釈につき疑義が生じたときは、信義誠実の原則に従い、甲乙は双方協議の上これを解決するものとする。

第9条（合意管轄）　本契約に関する紛争については、乙の本店所在地を管轄する地方裁判所又は簡易裁判所を第一審の管轄裁判所とする。

以上のとおり契約が成立したことを証するために、本書2通を作成し、甲乙記名押印の上、各自1通を保有する。

平成○○年○月○日

　　　　　　　　　　　　　　東京都○○区××○丁目○番○号
　　　　　　　　　　　　　　　　（甲）　○○○○　　㊞
　　　　　　　　　　　　　　東京都○○区××○丁目○番○号
　　　　　　　　　　　　　　　　（乙）株式会社○○○○
　　　　　　　　　　　　　　　　代表取締役　○○○○　㊞

記

〈本件建物の表示〉
　所　　在　○○区××○丁目○○番地○
　家屋番号　○○番○
　構　　造　鉄骨鉄筋コンクリート造陸屋根○階建
　　　　　　地下○階付

床面積　〇〇.〇〇㎡
賃貸部分　上記〇階及び〇階

> **アドバイス**
>
> ①使用目的は賃貸人にとって重要な事項なので明確にします（第1条第2項）。
> ②取締役は、会社と委任関係にあるため、会社の利益を犠牲にして自己または第三者の利益を図る可能性がある行為（利益相反行為）は制限を受けます。取締役・会社間の賃貸借契約もこれに該当します（直接取引）。取締役会を設置する株式会社において、取締役が株式会社との間で利益相反取引をする場合には、取締役会の承認を得る必要があります（第6条）。なお、取締役会を設置しない場合は、株主総会の承認を得る必要があります。
> ③書式のように、賃貸人である取締役が会社を退任したことが契約の終了事由にならないことを明らかにすることも必要です（第7条）。もっとも、取締役が会社を退任したことは、契約の更新を拒絶する際に、正当事由の判断材料のひとつになることはあります。
> ④これら以外の条項である賃料、契約期間、更新、敷金、協議事項、管轄については、通常の建物賃貸借の場合と同じです。

■ 利益相反取引の例

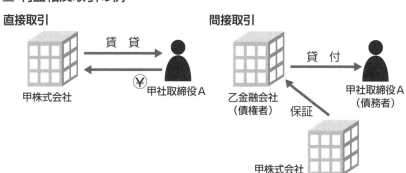

書式9 デパートへの出店に関する賃貸借契約書

区画店舗出店契約書

　○○商店株式会社（以下「甲」という）と○○株式会社（以下「乙」という）は、次のとおり契約（以下「本件契約」という）を締結した。

第1条（出店の許可）甲は、甲が所有する後記建物である○○マーケットの下記の区画（以下「本件区画」という）において、乙が営業として衣料品の販売を行うことを許可する。

記

　東京都○○区××○○番地○所在の○○マーケット2階の別紙図面の斜線で示した区画

第2条（本契約の期間と契約の更新方法）本契約の期間は、平成○○年○月○日から平成○○年○月○日までの1年間とする。
2　本契約は、期間満了3か月前に、乙から甲に申し出ることによって、更新することができる。更新期間は1年間とし、その後も同様とする。
第3条（使用料と支払方法）乙は、甲に対し、本件区画の使用料として月額○○万円を支払うものとする。
2　前項の使用料は、毎月末日までに翌月分を甲の指定する銀行口座に送金して、これを支払うこととする。
第4条（保証金）乙は、本日、甲に対し、保証金として金○○○万円を預託し、甲はこれを受領した。
2　保証金には利息を付さないものとする。
3　保証金は、本契約が終了し、乙が甲に対する本件区画の明渡しを完了した後、甲において、遅滞なく乙に返還することとする。
4　甲は、乙に対する未払債権を有している場合には、保証金からこれ

らの金額を控除した上で、その残額のみを返還することができる。

5　前2項において甲が返還する保証金は、あらかじめ指定した乙の銀行口座に送金することとする。

第5条（営業内容）乙は、本件区画においては、衣料品の販売のみを行うものとし、それ以外の営業を行ってはならない。

2　乙の本件区画における営業時間は、○○マーケットの営業時間に従うものとする。

3　前項において、乙は、○○マーケットの営業時間内は必ず営業を実施しなければならない。休業する場合には、事前に甲の承諾を得なければならない。

第6条（区画の変更）甲は、必要に応じて、○○マーケット内において、乙に対し、売り場等、本件区画の変更を指示することができる。

2　乙は前項の指示に従うこととする。

第7条（営業設備）甲は、乙と協議の上、本件区画内に乙の営業に必要な設備を設置することを要し、かつ、これを乙に使用させることとする。

2　乙は、自ら営業に必要な設備を本件区画内に設置することができる。ただし、あらかじめ、甲の書面による承諾を要する。

3　前項の設備は、本契約終了時に、乙が自らの費用で取り外して撤去することとする。

第8条（光熱費等の負担と支払方法）乙が営業を実施するために必要な光熱費等の費用は、乙がこれを負担する。

2　前項の費用の支払は、毎月15日までに前月分の料金を甲が乙に請求し、乙が請求のあった月の末日までにその金額を甲に対して支払うことにより行う。

3　本条の支払いは、甲の指定する銀行口座に送金して行うこととする。

第9条（営業指導）乙は、本件区画につき、自らの名義・計算において営業を行うものとし、商品の不備や欠陥等による損害については、すべて乙がその責任を負う。

2　乙は、下記事由につき、本件区画内においては、甲の営業指導に従

うものとする。
① 区画内の衛生管理
② 商品の搬入方法
③ 価格表示の方法
④ 従業員の服装又は接客態度
⑤ その他、上記に関連する事項

第10条（契約の解除） 甲は、乙が次の一つに該当する場合、催告を要することなく直ちに本契約を解除することができる。
① 2か月以上使用料を滞納した場合
② 乙が本件区画内において、甲の顧客、その他第三者に対して損害を与えた場合
③ その他乙が本契約の他の条項の一に違反した場合

第11条（契約終了に基づく原状回復） 乙は、本契約が期間満了ないし解除によって終了した場合には、直ちに本件区画から乙の所有又は管理する物件をすべて撤去することとし、本件区画を原状に復して返還しなければならない。

第12条（移転料等の名目における金銭交付請求の禁止） 乙は、契約の終了に伴い、移転料その他、名目のいかんを問わず甲に対して金銭を請求してはならない。

第13条（合意管轄） 本契約の権利義務関係につき、紛争が生じた場合には、甲の住所地を管轄する地方裁判所又は簡易裁判所を第一審裁判所とすることを、本書面において甲乙双方は合意した。

第14条（協議） 本契約に定めのない事項につき当事者間に争いが生じたときは、甲乙協議の上、解決にあたるものとし、その決定は、別途、定めることとする。

以上、本契約が成立したことを証するため、本書面2通を作成し、各自記名押印の上、各1通を保有する。

記

〈建物の表示〉

　一棟の建物の表示

　所　　在　○○区××○○番地○

　構　　造　鉄骨鉄筋コンクリート造陸屋根7階建

〈区画についての図面は省略〉

平成○○年○月○日

　　　　　　　　　　　　　　東京都○○区××○丁目○番○号
　　　　　　　　　　　　　　甲　○○商店株式会社
　　　　　　　　　　　　　　代表取締役　　○○○○　㊞
　　　　　　　　　　　　　　東京都○○区××○丁目○番○号
　　　　　　　　　　　　　　乙　○○株式会社
　　　　　　　　　　　　　　代表取締役　　○○○○　㊞

アドバイス

①店舗の出店契約は、借地借家法の適用がある建物の賃貸借契約であるか否かが重要です。出店場所が建物の構造として区切られておらず、使用上の独立性・排他性がない場合は、借家として認められず借地借家法が適用されない可能性が高くなります。

②デパートの食品売場のように、パーティションだけで区切られている区画店舗の場合（ケース貸し）は、独立性・排他性がないので、一般に借地借家法の適用がないとされています。

③区画店舗の出店契約においては、とくに出店場所と営業内容を明確に定めておくことが重要です（第1条、第5条）。

④使用料や保証金その他の金銭授受や金銭負担については、トラブルにならないよう、詳細に定めておくことが大切です（第3条、第4条、第8条）。

書式10 倉庫の使用に関する契約書

倉庫使用契約書

　　甲・賃貸人　　株式会社○○倉庫
　　乙・賃借人　　株式会社○○陸運

　本日、甲乙間において、甲所有の別紙物件目録記載の倉庫（以下「本件倉庫」とする）について倉庫使用契約を次のとおり締結した。

第1条（目的）　甲は、乙が本件倉庫内の別紙物件目録記載の指定場所（以下「本件指定場所」とする）を、乙の業務である陸運に必要な貨物一時保管場所として使用することを認めて賃貸し、乙は本件指定場所を同目的で借り受ける。

第2条（賃料）　本件指定場所の賃料は、月額金○○○○円とし、毎月末日限り翌月分を乙が甲の指定する下記銀行口座に振り込んで支払う。

記

　　○○銀行○○支店　普通口座○○○○○○○
　　口座名義人　株式会社○○倉庫
　　　　　　　　　　代表取締役　甲野　一郎

第3条（期間）　本契約の契約期間は平成○○年○月○日から満○年間とする。ただし、期間満了の6か月前までに甲乙いずれかから契約終了の申出がないときは、本契約は、期間満了の日から満○年間更新するものとし、以後も同様とする。

第4条（使用方法）　乙は、本件指定場所及び本件倉庫付属施設を、○時から○時までの間に限り、第1条の業務に必要な限りで使用することができる。

2　前項の営業時間以外は、甲の承諾なくして、何人も本件倉庫に立ち入ってはならない。

3　何人も、甲の定める管理規約を遵守し、甲の指揮監督に従って業務を行うものとする。

第5条（費用の負担） 本件指定場所の利用によって生ずる水道、電気、ガス料金等は、乙がこれを負担する。

第6条（譲渡及び転貸等の禁止） 甲の文書による事前の承諾がある場合を除き、乙が次の行為を行うことを禁止する。

① 第三者に対して、本契約に基づく権利を譲渡し、又は本件倉庫を転貸すること

② 本件指定場所における業務を乙以外の第三者に行わせること

第7条（保証金） 乙は甲に対し、本契約締結時に保証金として、金○○○○円を預託する。

2　保証金には利息を付さない。

3　保証金は、本契約期間内にその○％を償却する。

4　甲は、本契約終了によって本件倉庫が明け渡された日から1か月以内に、次の金額を控除して乙に返還する。

① 本条第3項の償却分

② 本契約による乙の甲に対する残存債務

5　本契約の更新に際しては、乙は甲に対し、更新料として、本条第3項の償却額に相当する金銭を填補して預託しなければならない。

第8条（契約の解除等） 乙が本契約の各条項に違反したときは、甲は催告することなく直ちに本契約を解除することができる。

2　本契約の期間内であっても、甲は6か月以上の期間をもって、乙は3か月以上の期間をもって、事前に相手方に通知して本契約を解約することができる。

3　本契約が終了したときは、乙は本件指定場所を遅滞なく原状に復して甲に明け渡すものとする。

第9条（滅失及び毀損の責任） 乙又は乙の使用人の故意、過失によって本件倉庫及びその施設を損壊又は滅失した場合は、乙はその損害を賠償しなければならない。

第10条（協議） 甲及び乙は、本契約に定めのない事態が生じたとき、又は本契約に疑義を生じたときは、信義誠実の原則に従い双方協議して解決を図るものとする。

第11条（合意管轄）甲乙双方は、本契約に関する紛争については、甲の本店所在地を管轄する地方裁判所又は簡易裁判所を第一審の管轄裁判所とすることに合意した。

以上の契約の成立を証するために、甲乙双方は記名押印して本書2通を作成し、各自1通を保有する。

平成○○年○月○日

　　　　　　　　　（甲）所在地　東京都○○区○○町○丁目○番○号
　　　　　　　　　　　　商号　株式会社○○倉庫
　　　　　　　　　　　　代表取締役　甲野　一郎　㊞
　　　　　　　　　（乙）所在地　東京都○○区○○町○丁目○番○号
　　　　　　　　　　　　商号　株式会社○○陸運
　　　　　　　　　　　　代表取締役　乙川　二郎　㊞

> **アドバイス**
> ①本書式の契約は、倉庫業者と卸・流通業者間でよく見られます。倉庫が借家に該当し、借地借家法が適用されるか否かの問題があるので、その判断基準となる賃貸部分の独立性・排他性（第1条）、賃料（使用料）の支払い（第2条）、賃借人の業務に対する賃貸人の関与（第4条）などを明記しておくとよいでしょう。
> ②とくに賃貸部分の独立性・排他性が重要な要素です。これが認められれば、一般に借家に該当し借地借家法が適用されます。
> ③上記①の項目の他、他の部分の使用制限（第4条1項）、費用の負担（第5条）、保証金（第7条）は最低でも必要でしょう。
> ④契約条項の中に、管理上とくに必要があるときは、事前に借主の了承を得て、賃貸人が倉庫内に立ち入ることができる内容を規定することがあります。この場合、正当な理由がないと、賃借人は立ち入りを拒否できません。

書式11 定期建物賃貸借契約公正証書

定期建物賃貸借契約公正証書

　本公証人は、当事者の嘱託により、その法律行為に関する陳述の趣旨を録取し、この証書を作成する。

第1条（本契約の目的） 貸主○○住建株式会社（以下「甲」という）は、借主○○○○（以下「乙」という）に対して、下記の建物を賃貸し、乙はこれを借り受け、以下の条項により借地借家法第38条に規定する定期建物賃貸借契約（以下「本契約」という）を締結する。

記

　　所　　在　東京都○○区○○×丁目××番地×
　　家屋番号　○○番○
　　構　　造　木造瓦葺2階建て
　　床面積　　○○.○○㎡

第2条（使用目的） 乙は、居住を目的として本件建物を使用する。

第3条（契約期間） 契約期間は平成○○年○月○日から平成○○年○月○日までの○年間とする。

2　前項において、その期間満了の6か月前に、甲は乙に対して、期間の満了により本契約が終了する旨を書面によって通知するものとする。

3　前項の場合において、甲が通知期間の経過後、乙に対し、期間の満了により本契約が終了する旨の通知を行った場合には、その通知を行った日の翌日から起算して6か月の経過をもって、本契約は終了する。

第4条（本契約期間の更新の有無） 本契約は、前条の期間の終了によりその効力を失い、更新しないこととする。

2　前条と異なる方法により、甲乙協議の上、本契約の終了の翌日を起算日とする新たな賃貸借契約を行うことを妨げない。

第5条（賃料と支払方法等） 賃料は月額○○万円とする。

2　乙は、毎月○日までにその翌月分の賃料を甲のあらかじめ指定する

銀行口座に振り込んで支払うものとする。なお、甲の住所地に持参することを妨げない。
3　1か月に満たない期間の賃料は、1か月を30日として日割計算した額とする。
4　前項の規定にかかわらず、賃料が、公租公課の増減により、不動産の価格の上昇もしくは低下その他の経済事情の変動により、又は、本件契約の近傍類似の物件と比較して不相当となったときは、甲又は乙は、将来に向かってその増減を請求することができる。
第6条（敷金）乙は本契約に関して生ずる乙の債務を担保するため、本契約の成立と同時に、甲に対し敷金として金〇〇万円を預託する。
2　本契約の終了に伴い、乙が、本件建物を原状に復して明け渡した場合において、甲は、本契約に基づいて生じた乙の債務で未払いのものがあるときは、敷金から未払債務額を差し引いて乙に返還する。返還すべき金銭には利息を付さない。
3　乙は、本件建物を原状に復して甲に明け渡すまでの間、敷金返還請求権をもって甲に対する賃料その他の債務と相殺することができない。
第7条（賃借権の譲渡・転貸・原状変更等）乙は、次の場合には、甲の書面による承諾を得なければならない。
　① 名義、形式のいかんを問わず、第三者に、本件賃借権を譲渡し、又は本件建物を転貸するとき
　② 本件建物の模様替え、造作、その他の原状を変更するとき
第8条（契約の解除）甲は、乙が以下の各号に掲げる事項に該当したときは、本契約を解除することができる。
　① 第5条に定める賃料の支払を3か月分以上遅延したとき
　② その他本契約に違反したとき
第9条（明渡し）乙は、本契約が終了する日までに、本件建物を明け渡さなければならない。この場合において、乙は、本件建物を原状に復しなければならない。
2　乙は、前項の明渡しをするときには、明渡日を事前に甲に書面にて通知しなければならない。
3　甲及び乙は、第1項に基づき乙が行う原状回復の内容及び方法について双方がこれを協議するものとする。
第10条（再契約）甲は、再契約の意向があるときは、第3条第2項に規定する通知の書面に、その旨を付記しなければならない。

第11条（連帯保証）連帯保証人〇〇〇〇（以下「丙」という）は、本契約に基づき乙が甲に対して負担する一切の債務につき、乙と連帯して履行の責に任ずる。

第12条（執行認諾約款）乙及び丙は、本契約上の金銭債務を履行しないときは、直ちに強制執行に服するものとする。

第13条（公正証書の作成）甲及び乙は、本契約の内容につき、公正証書を作成することに合意し、公正証書の作成にかかる費用については、甲乙は折半により負担するものとする。

第14条（協議）甲及び乙は、本件契約書に定めがない事項及び契約書の条項の解釈について疑義が生じた場合は、民法その他の法令及び慣行に従い、誠意をもって協議し、解決するものとする。

以上

以上の契約の成立を証するために、甲乙丙が記名押印して本書3通を作成し、各自1通を保有する。

平成〇〇年〇〇月〇〇日
東京都〇〇市〇〇〇町〇〇〇番地
甲（貸主）株式会社〇〇住建
代表取締役　〇〇〇〇　㊞
東京都〇〇区××〇丁目〇番〇号
乙（借主）〇〇〇〇　㊞
神奈川県〇〇市××〇丁目〇番〇号
丙（連帯保証人）氏名　〇〇〇〇　㊞

アドバイス

①定期建物賃貸借とは、契約の更新がない建物賃貸借のことです。定期建物賃貸借契約は、公正証書などの書面によって結ぶ必要があります。つまり、法律上は公正証書で作成することまでは要求されているわけではありません。しかし、公正証書は執行認諾約款（第12条）があれば債務名義となるので、貸主は、賃貸借契約書を公正証書

にすることで、借主が家賃を支払わない場合には、裁判をすることなく、借主に対して強制執行を行い、家賃を回収できます。

② 賃貸人は契約前に賃借人に対して、ⓐ更新がないこと、ⓑ期間満了によって契約が終了することを明記した書面を交付して説明しなければなりません。賃貸人が書面の交付と説明を怠った場合には、定期建物賃貸借としては無効となり、通常の建物賃貸借となります。

③ 契約期間については制限がありませんが、契約期間が1年以上の場合は、賃貸人は期間満了の1年前から6か月前までの間に賃借人に対して期間満了によって契約が終了することを通知しなければなりません。本書式例では、第3条第2項にこの通知義務についての定めが置かれています。もっとも、終了通知をせずに、契約期間が終了しても、定期建物賃貸借契約が更新されたとみなされることはありませんが、終了通知をした日から6か月を経過しないと定期建物賃貸借契約が終了しません。つまり、貸主が終了通知をしない限り、定期建物賃貸借契約が存続し続けることになり、期間満了時に契約が終了したことを賃借人に主張することができなくなります。そして、通知期間を経過した後に通知をした場合には、その通知の日から6か月を経過した後に契約が終了します。本書式においても、第3条第3項にそのことが規定されています。

■ 終了通知をする時期

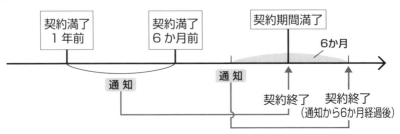

書式12 法令で取壊し予定の建物の賃貸借契約書

建物賃貸借契約書

甲・賃貸人　甲野一郎
乙・賃借人　乙川二郎
丙・連帯保証人　丙山三郎

本日、甲乙間において、甲所有の後記建物（以下、「本件建物」という）について次のとおり建物賃貸借契約を締結した。

第1条（建物の賃貸）甲は乙に対して、本件建物を賃貸し、乙はこれを賃借する。
第2条（使用目的）乙は、本件建物を居住の目的に使用し、それ以外の目的で使用しない。
第3条（契約期間）契約期間は、平成○○年○月○日から平成○○年○月○日までとする。
2　本件建物は、都市計画法に基づく道路幅員拡張計画のために、平成○○年○月○日限りで撤去すべき義務が課されているので、上記期間を設定するものであるから、更新は認めない。
第4条（賃料）賃料は月額金○○○○円とし、毎月末日限り翌月分を、甲の指定する下記銀行口座に振り込んで支払う。

記

○○銀行○○支店　普通口座○○○○○○○
口座名義人　甲野一郎

第5条（敷金）本契約の敷金は金○○○○円とし、乙は本契約締結と同時に甲に預託し、甲は無利息でこれを預かる。
2　甲は賃貸借期間中、終了後を問わず、乙に対する延滞賃料、損害賠償、その他本契約から発生する一切の債務に、敷金を充当することが

できる。
3　乙は、敷金に不足が発生して甲から請求を受けた場合には、遅滞なくその不足額を充当しなければならない。
4　甲は、本契約終了後、乙から本件建物の明渡しを受けた日から1か月以内に、敷金の残額を乙に返還する。

第6条（費用の分担）　甲は、本件建物の公租公課を負担する。
2　乙は、電気・ガス・上下水道の使用料、畳の表替え、建具、襖、壁紙の張替えその他小規模な修繕費用を負担する。

第7条（禁止行為）　乙が、甲の事前の書面による承諾なくして、以下の各号に掲げる行為をすることを禁止する。
① 第三者に対して本契約による賃借権を譲渡し、もしくは本件建物を転貸すること。実質的にこれらと同視できる行為も含む。
② 本件建物に増改築、大修繕又は造作をすること。

第8条（契約解除）　乙が次に掲げる各号の一に該当するに至った場合、甲は催告なく本契約を解除することができる。
① 賃料の支払いを3か月分以上怠ったとき
② 本契約の各条項に違反したとき

第9条（原状回復及び造作買取請求権の排除）　乙は、甲の承諾を得て行った造作を含めて、乙所有の物件をすべて取り払い、原状に復して甲に明け渡すものとする。
2　乙は甲に対して、造作買取請求権を行使しない。

第10条（損害賠償義務）　乙又は乙の同居人の故意又は過失によって本件建物が毀損又は滅失した場合、乙はその損害を賠償しなければならない。

第11条（連帯保証人）　丙を連帯保証人とし、本契約による乙の債務の一切について、丙は乙と連帯して履行の責を負う。

第12条（誠心誠意条項）　甲及び乙は、本契約に定めのない事項が生じたとき、又は本契約中に疑義を生じたときは、信義誠実の原則に従って、双方協議して解決を図るものとする。

第13条（合意管轄）　甲乙双方は、本契約に関する紛争については、甲の住所地を管轄する地方裁判所又は簡易裁判所を第一審の管轄裁判所とすることに合意した。

記

〈本件建物の表示〉
　所　　在　　〇〇区××〇丁目〇〇番地〇
　家屋番号　　〇〇番〇
　種　　類　　〇〇
　構　　造　　〇〇
　面　　積　　〇〇.〇〇㎡

　以上の契約の成立を証するために、甲乙丙が記名押印して本書3通を作成し、各自1通を保有する。

平成〇〇年〇月〇日

　　　　　　　（甲・賃貸人）住所　東京都〇〇区××〇丁目〇番〇号
　　　　　　　　　　　　　　氏名　甲野一郎　㊞
　　　　　　　（乙・賃借人）住所　東京都〇〇区××〇丁目〇番〇号
　　　　　　　　　　　　　　氏名　乙川二郎　㊞
　　　　　（丙・連帯保証人）住所　東京都〇〇区××〇丁目〇番〇号
　　　　　　　　　　　　　　氏名　丙山三郎　㊞

アドバイス

①取壊し予定の建物賃貸借（借地借家法39条）は、建物の取壊事由の発生時に契約が終了する旨を書面にすることが必要です。本書式では第3条第2項で明記しています。

②契約期間は、第3条のように取壊事由が発生する時まで契約が継続すると定めても、一定の契約期間を定めてもかまいません。後者の場合は、契約満了日が取壊事由の発生日前になる場合があるので、契約の更新についても規定が必要です。

④その他の一般的留意事項は、通常の建物賃貸借と同様です。

書式13 一時使用目的の建物賃貸借契約書

建物一時賃貸借契約書

甲・賃貸人　〇〇エステート株式会社
乙・賃借人　株式会社〇〇物産

記

所　　在　東京都〇〇区〇〇×丁目××番地×
家屋番号　〇〇番〇
構　　造　〇〇〇〇
床 面 積　〇〇.〇〇㎡

本日甲乙間において、上記物件（以下、「本件建物」という）について、次のとおり建物一時賃貸借契約を締結した。

第1条（目的）甲は、乙に対して本件建物を仮店舗として一時使用するために賃貸し、乙はこれを賃借する。
2　甲乙双方共、本契約においては借地借家法第26条から第37条までの規定の適用がないことを確認した。
第2条（用途）乙は、本件建物を、乙が期間限定発売の〇〇の小売店として使用するものとし、それ以外の目的の使用を禁止する。
第3条（期間）本件建物の賃貸借契約の期間は、前条の〇〇の販売期間終了までとする。
2　前項の目的に従い、本契約は、更新することはできない。
第4条（賃料）賃料は月額金〇〇〇〇円とし、毎月末日限り翌月分を甲の指定する以下の銀行口座に振り込んで支払う。
　〇〇銀行〇〇支店　普通口座〇〇〇〇〇〇〇

口座名義人　〇〇エステート株式会社

代表取締役　〇〇〇〇

第5条（保証金） 乙は甲に対して、本契約締結時に、保証金として金〇〇〇〇円を交付し、甲はこれを受領した。

2　前項の保証金には利息を付さない。

3　甲は、保証金を、乙が本契約に基づいて負担する賃料及び損害賠償その他の債務に充当することができる。

4　甲は、本契約の終了によって乙が本件建物を甲に明け渡した日から〇か月以内に、保証金の残金を乙に返還する。

第6条（禁止事項） 乙は、本件建物に関する賃借権を譲渡し、又は本件建物を転貸してはならない。

第7条（造作及び原状回復） 乙は、事前の甲の書面による承諾を得た場合に限り、本件建物に造作を備え付けることができる。この場合においても本契約終了によって甲に本物件を明け渡す際には、原状に復さなければならない。

2　乙は、明渡し時に、造作買取請求権を行使しない。

第8条（契約の解除） 乙が次の各号の一に該当するに至った場合は、甲は催告することなく直ちに本契約を解約することができる。

　①　賃料の支払いを〇か月分以上遅滞したとき

　②　本契約の各条項に違反したとき

第9条（損害賠償責任） 故意又は過失によって乙又は乙の従業員が本件建物を損壊又は滅失した場合、乙はその損害を賠償する。

第10条（誠心誠意条項） 甲及び乙は、本契約に定めのない事態が生じたとき、又は本契約中に疑義を生じたときは、信義誠実の原則に従って双方協議して解決を図るものとする。

第11条（合意管轄） 甲乙双方ともに、本契約に関する紛争については、甲の住所地を管轄する地方裁判所又は簡易裁判所を第一審の管轄裁判所とすることに合意した。

以上のとおり契約が成立したことを証するために、甲乙双方記名押印

して本書2通を作成し、各自1通を保有する。

平成○○年○月○日

　　　　　　　　　　　東京都○○区××○丁目○番○号
　　　　　　　　　　　甲　賃貸人　○○エステート株式会社
　　　　　　　　　　　　　　代表取締役　○○○○　㊞
　　　　　　　　　　　東京都○○区××○丁目○番○号
　　　　　　　　　　　乙　賃借人　株式会社○○物産
　　　　　　　　　　　　　　代表取締役○○○○　㊞

アドバイス

①一時使用の建物賃貸借については、借地借家法の借家に関する規定は適用されません（借地借家法40条）。したがって、契約によってとくに定められていない事項については、民法の賃貸借の規定に従うことになります。

②一時使用の建物賃貸借であるかどうかは、契約書の標題や目的条項でそれが表示されているか否かではなく、契約内容全体から判断されます。この点に留意して契約することが大切です。

③そうであるとしても、建物一時賃貸借契約であることは明記し、さらに一時使用であることが明確になるような規定を契約書内に設けることがポイントです。

④一時使用ならではの注意事項や特徴が現れる規定としては、契約期間、更新、賃料の規定が挙げられます（第3条、第4条）。
　ⓐ更新は一時使用にあたるため原則として認められません。
　ⓑ賃料は短期であるため期間一括払いもよく見られます。

⑤通常の建物賃貸借とは異なり、一時使用の場合は造作買取請求権の規定（借地借家法第33条）が適用されないので、契約に明記しなくても借主から造作買取請求権の行使を受けません。ただ、トラブル防止のため明記しておくことが望ましいといえます。

第5章

借家契約の更新・解約・変更・敷金をめぐる書式

書式 1 賃借権譲渡の承諾を請求する場合

賃借権譲渡承諾のお願い

〇〇県〇〇市〇〇町〇丁目〇番〇号

乙川　二郎　殿

拝啓　時下益々ご清栄のこととお慶び申し上げます。

　私は平成〇〇年〇月〇日付建物賃貸借契約により、貴殿との間で貴殿所有の後記建物を賃借しておりますが、先日、勤務先より辞令があり、私の転勤が決定しました。そのため、本件賃借権を、後記の者に譲渡をしたいと考えております。

　つきましては、本件賃貸借契約書においては、第〇条に賃借権譲渡の条件に関する規定がありますので、この規定により、貴殿から賃借権譲渡の承諾をいただきたく、本書を送付しますので、本件につき、宜しくお願い申し上げます。

敬具

記

（建物の表示）
　　所　　在　　〇〇県〇〇市〇〇町〇丁目〇〇番地〇
　　家屋番号　　〇〇番〇
　　種　　類　　〇〇〇〇
　　構　　造　　〇〇〇〇造〇〇建
　　床面積　1階　〇〇.〇〇㎡　　2階　〇〇.〇〇㎡

（賃借権の譲受人の表示）
　　住所　〇〇県〇〇市〇〇町〇丁目〇番〇号
　　氏名　丙山三郎

平成〇〇年〇月〇日

〇〇県〇〇市〇〇町〇丁目〇番〇号
甲野　一郎　㊞

アドバイス

①借地権の譲渡や借地の転貸については、一定の場合に地主の承諾がなくても、裁判所が許可を与えることによって、譲渡や転貸が認められることがあります（借地借家法19条）。しかし、建物賃借権の譲渡や借家の転貸については、原則として賃貸人の承諾を得ない限り、建物賃借権の譲渡や借家の転貸は認められません。ただ、契約で建物賃借権の譲渡や借家の転貸を認めている場合や、多額の権利金を支払っている場合は、譲渡・転貸が認められることもあります。

②本書式は、建物賃借権の譲渡の条件を契約で定めている場合ですが、その場合でも丁重な姿勢で通知をするのがよいでしょう。

③賃貸借関係においては、賃貸人と賃借人との間の信頼関係が重要となりますから、信頼関係を損なわないようにする必要があります。賃貸人にとっては、賃料をきちんと支払ってもらえるのか、借家を乱暴に扱うことはないか、などの点を心配しますから、建物賃借権の譲渡や借家の転貸の場合には、誰が譲受人・転借人になるのかを明らかにする必要があります。場合によっては、譲受人・転借人を賃貸人と面会させることも必要になるでしょう。

④建物賃借権の譲渡や借家の転貸をする場合には、賃借人が建物を使用しなくなる理由も明記するようにしましょう。

■ 賃借権の譲渡

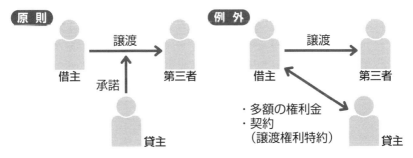

書式2 賃借権譲渡を承諾しない場合

回答書

拝啓　平成○○年○月○日付、貴殿より賃借権譲渡の申出の通知書をいただきましたが、これに対して次のとおり回答いたします。

　貴殿が賃借している本件建物は、貴殿との間の賃貸借契約終了の後には、私たち夫婦の自宅とも近いこともあり、婚姻して借家住まいの長男夫婦に譲って居住させ、支援を受けながら老後の生活をすることを予定しておりました。よって、本件賃借権を貴殿以外の方に譲渡することは承諾できません。

　ご希望に沿うことができませんが、上記の事情のとおりですので、ご承知ください。
　　　　　　　　　　　　　　　　　　　　　　　　　　　　敬具

平成○○年○月○日

　　　　　　　　　　　　　　　　東京都○○区○○町○丁目○番○号
　　　　　　　　　　　　　　　　　　　　　　　乙川　二郎　㊞

東京都○○区○○町○丁目○番○号
　甲野　一郎　殿

アドバイス

①賃貸借契約において賃借権を譲渡する場合には、賃借人は賃貸人の承諾を得なければなりません。この申出を受けた賃貸人は、承諾も拒否もできますが、とくに拒否の場合は速やかに回答すべきです。回答せず新たな賃借人から賃料を受領するようなことがあれば、譲渡を黙認したと判断される可能性もあることに注意が必要です。

②承諾を拒否する場合には、その理由を伝えることは必須ではなく、賃貸人から契約終了を申し出ているわけではないので、借地借家法でいう「正当な事由」も必要としませんが、円満に賃貸借契約を終了するためには、書式のようにその理由を触れておくとよいでしょう。

書式 3　賃借権譲渡を承諾する場合

　　　　　　　　貸借権譲渡の条件付き承諾書

　前略　平成○○年○月○日付、貴殿より、私と貴殿の間の賃貸借契約による賃借権譲渡の承諾を求める通知書を受領しましたが、次のとおり回答いたします。

　当方にて慎重に検討の結果、賃借権譲渡の承諾料として金○○○○円をお支払いいただき、貴殿にも新しい賃借人との間の賃貸借契約の連帯保証人となっていただくことを条件として、承諾いたします。　草々

平成○○年○月○日

　　　　　　　　　　　　　　　　　　○○県○○市○○町○丁目○番○号
　　　　　　　　　　　　　　　　　　　　　　　乙川　二郎　㊞

○○県○○市○○町○丁目○番○号
　甲野　一郎　殿

アドバイス

①建物賃貸借契約では、その賃借権を譲渡する場合、賃貸人の承諾を得なければなりません。これに反すると、契約解除の原因となります。

②本書式は、賃貸人が賃借人からの譲渡申入れを承諾する旨を通知するものです。譲渡の申入れを受けた賃貸人の側は、書式2のように承諾しないこともできますし、条件を付けることも可能です。本書式は、承諾料の支払いと現賃借人が連帯保証人となることを条件として提示しています。

③賃借権の譲渡に賃貸人の承諾が必要なのは、賃貸借契約では相互の信頼関係が重視されるからです。賃借人が誰であるかによって賃料の支払いの確実性が変わることはもちろん、防犯上の必要性、建物の経済的価値の維持にも深く関わってきます。したがって、賃借権譲渡の承諾についても、新しい賃借人に直接面接するなど、慎重な調査の上で回答するとよいでしょう。

書式 4　建物賃借権の譲渡契約書

収入印紙

建物賃借権譲渡契約書

当事者
甲・賃貸人　甲野　一郎
乙・賃借人　乙川　二郎
丙・賃借権譲受人　丙山　三郎

本日、甲・乙・丙の間で、後記建物（以下、「本件建物」という）に関する乙の賃借権の丙への譲渡について、以下のように合意に達し、建物賃借権譲渡契約（以下、「本件譲渡契約」という）を締結した。

第1条（賃借権の譲渡） 乙は、本件建物について有する賃借権を、丙に譲渡し、丙はこの対価として、金○○○○円を乙に支払う。

2　譲渡の期日は、平成○○年○月○日とする。

第2条（譲渡の承諾） 甲は、前条の譲渡を承諾する。

2　乙は、甲に対して、本件譲渡契約の承諾料として、金○○○○円を、次のとおり支払う。
　①期限　平成○○年○月○日
　②方法　乙の賃料を送金していた甲名義銀行口座に振り込む

第3条（敷金） 乙が甲に対して預託していた敷金は、甲乙間の賃貸借契約に関する乙の甲に対する残債務に充当され、その残額を乙に返還する。

2　前項にかかわらず、丙は甲に対して、甲丙間の建物賃貸借契約の敷金として金○○○○円を預託する。

第4条（契約の承継） 甲及び丙の間に生じる本件建物の賃貸借に関する権利義務については甲及び乙の間の建物賃貸借契約の諸条項を承継するものとし、甲及び丙の双方は、甲乙間で作成された平成○○年○月○日付賃貸借契約書のとおりであることを確認する。

以上の契約の成立を証するため、甲乙丙それぞれが記名押印して本書3通を作成し、各自1通を保有する。

平成○○年○月○日

　　　　　　　　　　　　　　　　○○県○○市○○町○丁目○番○号
　　　　　　　　　　　　　　　　　　（甲）甲野　一郎　㊞
　　　　　　　　　　　　　　　　○○県○○市○○町○丁目○番○号
　　　　　　　　　　　　　　　　　　（乙）乙川　二郎　㊞
　　　　　　　　　　　　　　　　○○県○○市○○町○丁目○番○号
　　　　　　　　　　　　　　　　　　（丙）丙山　三郎　㊞

　　　　　　　　　　　　　記

〈本件建物の表示〉
　　所　　　在　　○○県○○市○○町○丁目○○番地○
　　家屋番号　　○○番○
　　種　　　類　　○○
　　構　　　造　　○○○○造○○建
　　床面積　1階　○○．○○㎡　　2階　○○．○○㎡

アドバイス

①建物賃貸借の賃借権が第三者に譲渡されると、従前の賃貸借契約は新賃借人に引き継がれますが、後日の紛争防止のためには、その諸条件や従前の契約を引き継ぐことを確認したこと（第4条）を内容とする契約を、三者間で締結しておくべきです。

②敷金は、その性質から、本例のように、旧賃借人に直接返還し、新賃借人に別途預託させる方が望ましいでしょう（第3条）。

③賃借権の譲渡契約書は「債権譲渡」に関する契約書に該当します。この場合に貼付を行う印紙税額は、記載された契約金額が1万円以上の場合であれば200円となります。

書式5　転貸借の承諾を請求する場合

お願い

○○県○○市○○町○丁目○番○号
○○○○　殿

時下益々ご清栄のこととお慶び申し上げます。
　私は、平成○○年○月○日より、貴殿から下記建物を賃借しております。
　今般、私は、大阪へ転勤することになりましたので、下記の者に対し、住居として、下記建物を下記内容にて転貸したいと考えております。
　つきましては、貴殿に下記転貸につき承諾をいただけますよう通知いたします。ご多忙とは存じますが、ご返事を賜りますようお願い申し上げます。

記

（建物の表示）
　　所　　在　　○○県○○市○○町○丁目○○番地○
　　家屋番号　　○○番○
　　種　　類　　居宅
　　構　　造　　木造瓦葺平屋建
　　床面積　　　○○.○○㎡
（転借人の表示）
　　住所　　○○県○○市○○町○丁目○番○号
　　氏名　　○○○○
（転貸借契約の内容）
　　賃料　　1か月金○○○○円
　　期間　　平成○○年○月○日より平成○○年○月○日まで

平成○○年○月○日

　　　　　　　　　　　　　　○○県○○市○○町○丁目○番○号
　　　　　　　　　　　　　　　　　　　　　○○○○　㊞

アドバイス

①民法では、賃借権の譲渡や賃借物の転貸は、賃貸人の承諾を得なければできないとされています。一般的な建物賃貸借契約書でも、このことを確認的に規定していることが多くあります。賃借人がこれらに違反して、賃借物を第三者に使用・収益させた場合には、賃貸人は原則として契約を解除することができます。

②無断転貸がなされた場合、賃貸人と賃借人との契約が解除されたかどうかに関係なく、転借人は賃貸人に対して、自らの権利を主張することはできません。賃貸人との関係では、転借人は単なる不法占拠者にすぎないからです。そのため、書式のように、建物の転貸については、賃貸人の承諾を求めることが必要になります。

③建物の転貸を行う場合、賃貸人は、転借人が建物を乱暴に扱ったり、近所に迷惑をかけたりしないか、ということを心配します。そこで、賃借人としては、転借人が誰なのか、何の目的で転借するのかなどを明らかにしておく必要があります。場合によっては、転借人との面接をすることも必要でしょう。

④以上の他、転貸借契約の賃料や期間なども明記しておく必要があります。

⑤建物の賃貸借については、借地権の場合（借地借家法19条）とは異なり、裁判所が賃借人に代わって賃借権譲渡や転貸の許可を付与する制度がありません。そのため、賃貸人が拒否すれば適法に賃借権譲渡や転貸ができないので、低姿勢でお願いをするような文面で記載するように心がけましょう。

書式 6　転貸借を条件付きで承諾する場合

転貸借の条件付き承諾書

前略　平成○○年○月○日、貴殿より、私と貴殿の間の賃貸借契約にかかる賃貸建物につき、その転貸の承諾を求める通知書を受領しましたが、次のとおり回答いたします。

　当方にて慎重に検討の結果、転貸の承諾料として金○○○○円をお支払いいただくことを条件として、これを承諾いたします。　　　草々

平成○○年○月○日

　　　　　　　　　　　　　　　　○○県○○市○○町○丁目○番○号
　　　　　　　　　　　　　　　　　　　乙川　二郎　㊞

○○県○○市○○町○丁目○番○号
　甲野　一郎　殿

アドバイス

①賃借人が第三者に賃貸建物を賃貸する（転貸）には、賃貸人の承諾が必要です。賃貸人は、転貸の申入れを受けた場合に、承諾するか否かは自由ですが、いずれにしても書式のように明確に回答をすべきです。また、とくに拒否する場合や条件を付して承諾する場合は、後日のトラブルを防止するため、内容証明郵便による回答が望ましいでしょう。

②賃貸借契約において、賃借人やその使用目的の変更をすることは、賃貸人にとって賃料の回収、建物の維持管理の観点からも重要ですので、転借人についても十分に調査検討して決定すべきです。

③書式のように、転貸の条件として承諾料を求めることはしばしば見られますが、従前の賃貸借契約のおおむね1〜2か月分の賃料が目安のようです。この承諾料は、転貸が認められることによって賃借人（転貸人）が転借人から得られた利益の一部を、賃貸人にも配分するという性質をもつものです。

書式 7　転借人に対する明渡し請求

賃貸借契約終了の通知及び明渡し請求書

　私甲野一郎は、乙川二郎氏に私所有の後記建物を賃貸し、私の同意の下、貴殿に転貸を承諾して本日に至っております。ところで、私と乙川二郎氏の間の賃貸借契約は、来る平成○○年○月○日をもって契約期間満了となります。私は同年○月○日に更新をしない旨をすでに通知しているので同日をもって本契約は終了することになります。

　つきましては、この通知書到達後6か月限りで転貸借契約も終了となりますので本件建物を明け渡すよう、請求いたします。

記

（建物の表示）
　　所　　在　　○○県○○市○○町○丁目
　　　　　　　　○○番地○
　　家屋番号　　○○番○
　　種　　類　　○○
　　構　　造　　○○○○造○○建
　　床面積　　　1階○○．○○㎡
　　　　　　　　2階○○．○○㎡

平成○○年○月○日

　　　　　　　　　　　　　○○県○○市○○町○丁目○番○号
　　　　　　　　　　　　　　　　甲野　一郎　㊞

○○県○○市○○町○丁目○番○号
　丙山　三郎　殿

アドバイス

　建物を転貸した場合、前提となる建物賃貸借が終了すると、転貸借契約も終了します。ただし、期間満了による終了の場合は、転借人に終了の事実を通知後6か月を経過しないと、明渡しを請求できません（借地借家法34条）。なお、通知は通常は内容証明郵便で行います。

書式 8 更新契約書

賃貸借更新契約書

（賃貸人・甲）　甲野　一郎
（賃借人・乙）　乙川　二郎

　本日、甲及び乙間において、次のとおり、平成〇〇年〇月〇日付甲及び乙間で締結した従前の賃貸借契約を更新するとの同意に達したので、以下のとおり更新契約を締結する。

第1条（契約の更新） 甲及び乙双方は、後記建物に関する平成〇〇年〇月〇日付賃貸借契約について、平成〇〇年〇月〇日をもって終了とし、その翌日より満〇年間を存続期間としてこれを更新することに合意する。

第2条（更新料） 乙は甲に対し、前条の更新料として金〇〇〇〇円を本日甲に支払い、甲はこれを受領した。

第3条（賃料） 契約更新後の契約期間中の賃料は月〇〇万円とする。
2　賃料の支払方法については、従前の賃貸借契約と同一とする。

第4条（敷金） 乙が従前の契約について甲に差し入れた敷金は、更新された契約の敷金として同一の条件で引き継がれるものとし、甲は従前の契約終了を理由として乙に返還することを要しない。

第5条（契約条項の継続） 更新後の賃貸借契約の内容については、第1条の契約期間、第3条の賃料、第4条の敷金に関する事項を除いて、従前の賃貸借契約と同一とする。

　以上の契約の成立を証するため、甲及び乙双方記名押印して本書2通を作成し、各自1通を保有する。

平成〇〇年〇月〇日

　　　　　　　　　　　　　　　東京都〇〇区××〇丁目〇番〇号
　　　　　　　　　　　　　　　　（賃貸人）甲野　一郎　㊞

　　　　　　　　　　　東京都××区××○丁目○番○号
　　　　　　　　　　　（賃借人）乙川　二郎　㊞
　　　　　　　　記
（建物の表示）
　所　　在　東京都○○区××○丁目○○番地○
　家屋番号　○○番○
　種　　類　○○
　構　　造　○○○○造○○建
　床面積　1階　○○.○○㎡
　　　　　2階　○○.○○㎡

アドバイス

①建物賃貸借契約は、賃貸人と賃借人の合意によって更新することができる他、最近の契約では自動更新の規定を設けている例もよく見られます。いずれにしても、紛争防止の観点からは、更新契約書を作成して双方の意思確認をしておくことが望まれます。

②更新契約書を作成する場合、改定事項が少なければ、書式のように改定事項だけを明記し、他は引き継ぐことを記載すれば十分でしょう。この場合、契約期間と賃料は重要事項であり、改定も多い部分なので、契約書に明記するようにしましょう（第1条、第3条）。別紙として従前の契約書を契印（契約書が数枚にわたるときに頁のつなぎ目に押す印）しておくことも一つの方法です。

③更新料は、本例では同時に受領したとありますが（第2条）、期限を定めて支払いを約束する形でもかまいません。

④更新料の支払いは法律上義務付けられているものではありませんので、契約で定めていない場合には、更新料を支払う必要はありません。ただ、契約で定めている場合には支払義務を負うことになります。更新料の相場は、賃料の1～2か月分程度です。

書式9 期間の定めのある契約の更新を拒絶する旨の通知をする

通知書

　当社が現在貴殿に賃貸している物件、○○アパート（○○県○○市○○町8－11－201）は、前回ご説明したとおり、築70年を過ぎ、老朽化の程度が著しく、耐震補強を必要としている状況にあり、大規模修繕又は建替えを検討しております。

　つきましては、誠に恐縮ではありますが、来たる平成○年10月31日付けで終了する貴殿との賃貸借契約の更新を拒否いたしたく思い、その旨をご通知申し上げます。

　なお、当社といたしましても、貴殿に対し、立退料○○○万円をお支払いいたしますので、事情をお汲みいただき、期日までに物件を明け渡してくださいますようお願い申し上げます。

平成○○年○月○日

○○県○○市○○町1－8－9
株式会社○○不動産
井田庄一郎　㊞

○○県○○市○○町8－11－201
木村一之　殿

アドバイス　①期間の定めがある建物の賃貸借（期間1年以上の借家契約）の場合、借地借家法の適用があり、家主からの更新拒絶は、ⓐ期間満了の1年前から半年前までに更新拒絶を通知する、ⓑ建物を使用する事情があるなど更新を拒絶する正当事由がある、という要件を満たすことが必要です。これを満たさない場合は、従前と同じ条件で契約を更新したとみなされます（借地借家法26条）。

②更新拒絶の通知書を送付する場合は、契約期間の満了日、更新拒絶の理由（物件の利用理由）、立退料などを明らかにし、借家人の理解を得られるようにしましょう。

書式10 更新拒絶後も立ち退かない借家人に建物の明渡しを請求する

建物明渡し請求書

　私は貴殿に対し、平成○○年1月10日付の内容証明郵便によって物件（○○県○○市○○町8－11－201）の賃貸借契約の更新拒絶を通知し、平成○○年10月31日をもって契約は終了いたしましたが、本日に至るまで物件の明渡しを受けておりません。つきましては、物件の使用継続について異議を申し立て、改めて明渡しを請求いたしますので早急に対処くださいますようお願いいたします。

平成○○年11月10日

　　　　　　　　　　　　　　　　　　○○県○○市○○町13－6－2
　　　　　　　　　　　　　　　　　　　　　株式会社○○商会
　　　　　　　　　　　　　　　　　　　代表取締役　江川宏治　㊞

○○県○○市○○町8－7－21
　　株式会社　○○興産
　　代表取締役　安田良一　殿

アドバイス

①期間の定めがある建物の賃貸借について、家主が6か月前までに更新拒絶を通知した場合（前ページ）であっても、期間満了後に借家人が居住を続け、家主がそのことに対し遅滞なく異議を述べなかった場合、契約は更新されたとみなされます（借地借家法26条2項）。

②建物明渡しについて話し合いがつかなければ、調停、裁判へと進む可能性があります。その際、期間満了前の更新拒絶の通知または明渡しがない場合の異議申立てをしていなければ、家主による更新拒絶の主張は認められません。更新を拒絶したい家主は、内容証明郵便などで必ず通知しておく必要があります。

第5章　借家契約の更新・解約・変更・敷金をめぐる書式

書式11 家主が貸家を第三者に譲渡した場合

建物所有権及び賃貸人の地位の譲渡の通知書

　平成○○年○月○日、私と貴殿との間で、後記建物の賃貸借契約を締結し、後記建物を貴殿に賃貸してまいりましたが、平成○○年○月○日をもって同建物の所有権及び賃貸人としての地位の一切を、後記譲受人に譲渡しました。また、貴殿より預かっていた敷金の残金○○万円も引渡しをすませましたので、通知いたします。

　今後は、家賃に関しては、新しい賃貸人である後記譲受人にお支払いくださいますようお願いいたします。

記

(建物の表示)　所在　東京都○○区○○町○丁目○○番地○
　　　　　　　家屋番号　○○番
　　　　　　　種　類　居宅
　　　　　　　構　造　○○造○○建
　　　　　　　床面積　○○.○○㎡

(譲受人の表示)　住所　東京都○○区○○町○丁目○番○号
　　　　　　　　氏名　丙山　三郎
　　　　　　　　電話　03（××××）××××

平成○○年○月○日

　　　　　　　　　　　　東京都○○区○○町○丁目○番○号
　　　　　　　　　　　　　　　　甲野　一郎　㊞

　東京都○○区○○町○丁目○番○号
　　乙川　二郎　殿

アドバイス

①賃貸人が賃貸物件の所有権を第三者に譲渡した場合、賃借人の賃借権が第三者に主張できるものであるときは（本例の賃借人は引渡しによって建物の賃借権を第三者に主張できる状態です）、賃借人の承諾がなくても、賃貸人としての地位が第三者に移転します。本書式はこれを賃借人に通知する通知書です。通知を受けた賃借人は、新賃貸人かつ新所有者である第三者に対して賃料を支払うことになります。

②賃貸不動産の新所有者は、その不動産の所有権移転登記を備えることによって、はじめて不動産の賃借人に対して賃料を請求できるようになります。

③言い換えると、不動産の所有権移転登記を備えなければ、自分が賃貸人になったことを賃借人に主張できず、不動産の賃借人は賃料の支払いを拒否できます。

④不動産の賃借人の二重払い防止のため、所有権移転登記の有無によって、新所有者が賃料を請求できるか否かが変わります。不動産の譲渡は賃借人の知らないうちに起こるため、誰が新賃貸人であるのか、賃借人がはっきりわかる基準で決める必要があります。そのため、誰でも閲覧できる登記を基準に、不動産の賃借人が賃料を支払う相手が決められています。

■ 賃貸人の交代と賃料の請求

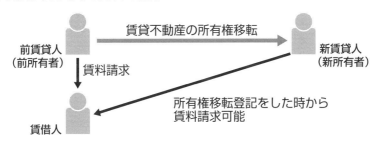

書式12 家主に修繕費用（必要費）を請求する

通知書

　私は貴殿から後記建物を賃借しておりますが、入居2日目に水道管から水漏れが生じました。これにより、私の日常生活に支障をきたす事態となったため、至急修繕してほしい旨、修繕されないのなら、私の方で修繕する旨を、平成○○年○月○日付内容証明郵便にて請求しました。しかし、1か月経過した現在にいたるまで貴殿はこれを履行しておりません。そこで、先の内容証明郵便で通知したとおり私の方で業者に依頼して修繕いたしました。

　つきましては、私が業者に支払った修繕工事代金10万円を、必要費として直ちに償還されるよう請求いたします。

　なお、この修繕費の支払いを拒否される場合は、次回の家賃と相殺しますので、あらかじめご承知おきください。

記

〈建物の表示〉
　　所　　在　東京都○○区○○町○丁目○○番地○
　　家屋番号　○○番○
　　種　　類　居宅
　　構　　造　木造瓦葺平屋建
　　床 面 積　○○.○○㎡
平成○○年○月○日
　　　　　　　　　　　東京都○○区○○町○丁目○番○号
　　　　　　　　　　　　　　　○○○○　㊞
東京都○○区○○町○丁目○番○号
　　○○○○　殿

アドバイス　①不動産賃貸にあたって、貸主は、その不動産を借主が使用や収益の目的を達成できる

状態に維持・管理する責任があります。この維持・管理にかかる費用を必要費といいます。たとえば、貸主が建物の維持・管理のために行う「修繕」は、賃貸不動産が破損、滅失、摩耗といった状態に陥った場合、原状回復や現状維持を目的として行われるものですから、必要費のひとつにあたります。

前提として押さえておかなければならないのは、必要費は、貸主が負担する費用ですので、工事の手続などについても、貸主が行うのが一般的だということです。しかし、貸主がすぐに修理をしなければ、借主は費用を立て替えてでも修理業者に工事を発注することになるでしょう。

②借主が、賃借物について、通常の使用にかかる費用（必要費）を支出した場合、修繕義務を負う貸主に対して、直ちに費用を返すよう請求できます。この通知は内容証明郵便で行う場合もあります。ただし、必要費と認められるのは、その費用をかけなければ借主が使用や収益の目的を果たせないなど、ある程度緊急性の高いものです。それを超える部分は、有益費という別の費用として扱うことになります。

③借主としては、貸主が修繕の要求に応じなかったので自ら費用を支出して修繕を行ったこと、さらに修繕工事代金が支払われない場合は家賃と相殺すること（債権同士を同額で消滅させること）を通知しておきましょう。

■ 必要費の償還請求

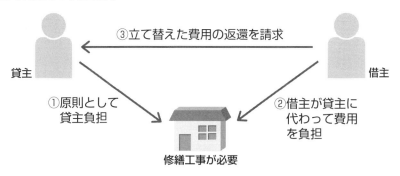

書式13 借家人からの修繕要求を拒否する場合

回答書

　貴殿からの平成○○年○月○日付通知書に対し、次のとおり回答いたします。
　私と貴殿は平成○○年○月○日に後記建物の賃貸借契約を締結いたしました。本契約には「入居中の畳・襖・障子の張替えは借家人の負担とする」旨の特約があります。この特約は、こういった小さい修理は借家人で行ってください、仮に借家人負担を不服とする場合は、張り替えなくてもよいとする意味合いであります。
　つきましては、畳の張替え義務は貴殿にあり、修繕要求には応じかねますので、ご了承ください。

記

〈建物の表示〉
　　所　　　在　東京都○○区○○町○丁目○○番地○
　　家屋番号　○○番○
　　種　　　類　○○
　　構　　　造　○○○○
　　床 面 積　○○.○○㎡

平成○○年○月○日
　　　　　　　　　　　　　東京都○○区○○町○丁目○番○号
　　　　　　　　　　　　　　　　　○○○○　㊞
　東京都○○区○○町○丁目○番○号
　○○○○　殿

アドバイス　①賃貸物件が破損または汚損し、使用や収益（日常生活など）に支障が生じている場合、賃貸人（家主）が修繕義務を負います。しかし、賃貸物件

のすべての不備につき、賃貸人に修繕義務があるわけではありません。2017年成立の改正民法では、賃借人（借家人）の落ち度（帰責事由）により修繕が必要となった場合、賃貸人は修繕義務を負わず、賃借人が修繕義務を負うことを明記しました。つまり、賃借人が原因で生じた物件の不備について、賃貸人は修繕義務を免れます。

②2017年成立の改正民法で、賃借人が賃貸人に修繕が必要であると通知するか、修繕が必要なことを賃貸人が知っていたが、相当期間内に必要な修繕を行わない場合、賃借人は自ら修繕ができるとする規定が新設された点にも注意を要します。

③賃貸人の修繕義務は当事者間で異なる特約ができることから、賃貸物件の使用や収益に必要な修繕のうち、軽微な修繕（小規模修繕）は賃借人の負担とすることが可能と考えられています。どんな修繕も賃借人に行わせてよいわけではなく、軽微な修繕について「小規模修繕は賃借人が行う」などの条項を契約書に加えることが可能です。さらに、小規模修繕の内容を一覧表などで具体的に記載しましょう。

④「畳・襖・障子の張替え」は軽微な修繕にあたる小規模修繕なので、特約によって修繕費用が賃借人負担となります。

■ 賃貸人の修繕義務の有無（特約がある場合）

例	修繕義務
少しの雨で雨漏り	○
ドアに鍵がかからない	○
窓わくが外れた	○
ドアの開閉時に気にならない程度にギイギイ音がする	×
支障のない程度に戸の立て付けが悪い	×
畳や建具が劣化しているが、通常の使用には問題ない状態である	×
借主の故意または過失による破損	×

書式14 家主に建物増改築の承諾を申し入れる場合

通知書

東京都○○区○○町○丁目○番○号
○○○○　殿

　私は、平成○○年○月○日に、貴殿と賃貸借契約を締結し、後記建物を賃借しております。このたびインターネット環境の向上のため、高速インターネット通信を導入したいと考えておりますが、高速インターネット通信の接続工事では、外壁に穴をあけなくてはなりません。
　つきましては、高速インターネット通信の導入のため、是非とも接続工事の許可をいただきたく通知させていただきました。
　何卒ご承諾いただけますようお願い申し上げます。

記

〈建物の表示〉
　　所　　在　東京都○○区○○町○丁目○○番地○
　　家屋番号　○○番○
　　種　　類　○○
　　構　　造　○○○○
　　床面積　　○○.○○㎡

平成○○年○月○日
　　　　　　　　　　東京都○○区○○町○丁目○番○号
　　　　　　　　　　　　　　○○○○　㊞

アドバイス　①借家人には、借りている建物について、用法に従って使用する義務（用法遵守義務）があります。目的物の性質によって定まった用法というのは、目的物の使用方法として非常識な使用ができないことを意味し、

これに違反するような使用を用法違反といいます。たとえば、「賃借人宅は子どもが騒々しい」「金魚を飼っている」「あまり掃除をしない」「網戸が破れたままだ」は、一般に非常識な使用とまではいえません。ただ、建物の管理・維持をしていく上で、「非常識でなければ、どのように使用されてもかまわない」ということにはならないため、賃貸人として望まない使用方法をあらかじめ契約で定めることが必要です。また、迷惑行為の禁止に関する特約を契約書に明記するようにしましょう。迷惑行為として、騒音や振動、異臭の発生、危険物の占有、不衛生の放置、ゴミや廃品の放置、営業や大集会などが挙げられます。

② 賃貸人の希望や過去の苦情をもとに、制限すべき建物の使用方法を契約条項に定めます。たとえば、「ペットを禁止する」「店舗にしない」「増改築をしない」「共用部分に物を置かない」といった事項です。賃借人の募集に差し障りがない程度の制限であれば、比較的幅広い制限を設けることが認められます。たとえば、賃借人が居住目的で部屋を借りているのに、勝手に店舗や事務所など事業目的として部屋を使えば用法違反にあたります。用法遵守義務に違反している場合、貸主は契約を解除し、建物の明渡しを求めることができます。もっとも、個人である賃借人が賃貸借契約書の内容に承諾してサインしても、洗濯物の干し方や子どもの騒ぎ声などのように、建物を使用すれば常識的に発生する用法を制限する内容の特約は、賃借人を一方的に害するものとして、消費者契約法10条により無効とされる可能性があります。

③ 契約書に「貸主の許可なく増改築することを禁止する」などの条項が置かれていなくても、借りている家を家主に無断で改築する行為は許されないことに注意が必要です。場合によっては、工事の差止めや、損害賠償を請求されることもあります。賃貸物件に変更を加える場合は、あらかじめ家主の許可をもらっておきましょう。家主の許可は、本書式のように証拠として残すためにも、書面でもらっておくとよいでしょう。

書式15 無断増改築を理由とする原状回復請求

通知書

　ご承知のように、私と貴殿は平成○○年○月○日後記建物を居宅として使用する賃貸借契約を締結いたしました。また、本契約には「増改築禁止特約」が付されております。

　しかし、貴殿は、平成○○年○月に、私の承諾なくして、本建物の1階部分25㎡を店舗として改築しました。

　貴殿のこの行為は、明らかに本契約の約定に違反しており、貴殿と私の信頼関係を破壊するものであります。つきましては、本通知書到達後1か月以内に上記増築部分を原状に復されない場合は、1か月の期間経過後、本契約を解除させていただきますのでご了承ください。

記

〈建物の表示〉
　　所　　在　　○○県○○市○○町○丁目○○番地○
　　家屋番号　　○○番
　　種　　類　　居宅
　　構　　造　　○○造○○建
　　床 面 積　　1階　○○.○○㎡　　2階　○○.○○㎡

平成○○年○月○日
　　　　　　　　　　　　　　○○県○○市○○町○丁目○番○号
　　　　　　　　　　　　　　　　○○　　○○　　㊞

○○県○○市○○町○丁目○番○号
　○○　　○○　殿

アドバイス　①増改築禁止特約に違反して、借主が勝手に増改築を行った場合、借主の用法遵守義務違反を理由に契約を解除することができるのが原則です。本書式の場合に、借主が期限内に原状回復義務を果たさない場合には、貸主

は、賃貸借契約を解除して、賃貸建物の明渡しを求めることが可能になります。
②借主が無断で増改築の工事を行ったからといって、必ずしも契約を解除できるわけではありません。工事の方法が必要最低限で、工事の理由が相当であり、貸主との信頼関係を破壊しているといえない場合は、契約を解除するのは難しいでしょう。また、貸主からの原状回復請求に対し借主が速やかに従い、元通りにした場合も解除は認められません。さらに、増改築にあたって、借主が貸主に対して一定の金額を承諾料として支払っている場合があります。貸主が承諾料を受領している場合には、貸主が借主の申出に対して、増改築の許可を与えたのと同様の効果が生じるため、賃貸借契約の解除などのトラブルを回避できます。
③たとえば、時の経過により、借主に子どもが生まれて部屋を増やしたいと希望したり、子どもが独立したので子ども部屋をリビングに変えたいと希望することが考えられます。あるいは、数十年間も住み続けている地方の古くなった戸建住宅の貸家などで、増改築が必要になる可能性も否定できません。他方で、貸主としては、借主に勝手な増改築をされては不都合なこともありますから、借主の希望をそのまま認めなければならない義務はありません。そこで、借主の希望を受け入れる代わりにある程度のお金を支払ってもらうことで、問題を円満に解決することがあります。この場合に支払われるお金が承諾料です。

■ 用法違反と対策

事前の対策	事後の対策
・許される使用方法を契約書で定める。 ・禁止事項を契約書で列挙する。	・写真などの証拠を残す。 ・悪質な用法違反の場合は、賃貸借契約を解除する。

書式16　家賃の支払請求

通知書

　当社は貴殿に対し、平成〇〇年〇月〇日より、東京都〇〇区〇〇1丁目1番地1号（家屋番号2番、木造瓦葺2階建居宅兼店舗、1階50㎡、2階40㎡）の建物を下記の条件で賃貸しております。

　しかるに貴殿は、平成〇〇年〇月分から平成〇〇年〇月分までの3か月分の家賃合計金〇〇万円の支払いを怠っております。

　つきましては、本書面到達後7日以内に滞納家賃全額をお支払いくださいますよう、ご請求申し上げます。

記

1　家賃　1か月金〇万円
2　支払期日　翌月分を毎月末日限り
　平成〇〇年〇月〇日

　　　　　　　　　　　　　　　東京都〇〇区〇〇3丁目3番3号
　　　　　　　　　　　　　　　　　　　株式会社〇〇不動産
　　　　　　　　　　　　　　　　代表取締役　管野真司　㊞

東京都〇〇区〇〇1丁目1番1号
　川原俊文　殿

アドバイス

①家賃の支払いを請求する場合には、賃貸借契約の内容を明らかにして、請求すべきです。

②本書式のように、ⓐ目的の建物を特定するため、建物の所在、家屋番号、種類、構造、床面積などの表示（建物の登記簿に記載されている）、ⓑ月々の家賃の金額の表示、ⓒ支払期日の表示、が必要です。滞納している家賃が、いつからいつまでの分なのかを明らかにし、いつまでに支払うように期限を定めることも必要です。

書式17　家賃の増額を請求する場合

通知書

　当社は貴殿に対して、平成○○年○月○日より、東京都○○区○○1丁目1番1号（家屋番号5番、木造瓦葺平家建、床面積50㎡）の建物を家賃1か月金10万円で賃貸しております。

　早いもので、賃貸をはじめてからすでに4年余りが経過し、その間物価は上昇して、固定資産税等の租税公課も増額されております。

　つきましては、家賃を平成○○年○月分から、1か月金12万円に値上げさせていただきたいと思いますので、宜しくお願いいたします。

平成○○年○月○日

東京都○○区○○2丁目2番2号
株式会社○○不動産
梅川淳司　㊞

東京都○○区○○1丁目1番1号
吉田三蔵　殿

アドバイス

①家賃の額は、賃貸借契約によって決められますが、経済事情の変動や近傍同種の家賃に比べて家賃の額が不相当となったとき、契約当事者は、家賃の増減を請求することができます（借地借家法32条1項）。

②本書式は、賃貸人が物価の上昇や税金の上昇など「経済事情の変動」を理由として、家賃の増額を請求する通知書です。

この場合には、増額の理由を示すとともに、ⓐいつからの家賃について、ⓑいくらにするのかを明らかにする必要があります。通知は内容証明郵便で行う場合もあります。

書式18 家賃の改定に関する合意

家賃改定合意書

　（甲・賃貸人）　甲野　一郎
　（乙・賃借人）　乙川　二郎

　本日、甲乙間において、平成○○年○月○日付後記建物に関する賃貸借契約の賃料を、次のとおり改定することで合意に達した。

記

〈不動産の表示〉
　　所在　　　○○県○○市○○町○丁目○番○号
　　家屋番号　○○○○番
　　種類　　　○○
　　構造　　　○○○○造○○建
　　床面積　　1階　○○.○㎡　2階　○○.○㎡
　　　　　　（改定賃料）旧　月額○○○○○円
　　　　　　　　　　　　新　月額○○○○○円
　新賃料の適用は、平成○○年○月○日分（同年○月末日限り支払分）から適用する。

平成○○年○月○日

　　　　　　　　　　　　　　○○県○○市○○町○丁目○番○号
　　　　　　　　　　　　　　　（賃貸人）甲野　一郎　㊞
　　　　　　　　　　　　　　○○県○○市○○町○丁目○番○号
　　　　　　　　　　　　　　　（賃借人）乙川　二郎　㊞

アドバイス　契約期間が長期の場合には、社会情勢の変化によって賃料が不相当となり、途中で増額・減額の申入れがなされることもあります。本例はそのような場合の合意書です。改定後の賃料とあわせて、いつの分から改定するかについてしばしば誤解を生じるところなので、確実に明記します。

書式19 賃料の支払い催促と解除予告

通知書

　当社は貴殿に対し、後記のとおりの条件で、当方所有の後記の建物を賃貸しておりますが、貴殿は、平成〇〇年〇月分から平成〇〇年〇月分までの賃料3か月分、合計金〇〇万円の支払いを怠っております。つきましては、本書面到達後7日間以内に滞納額全額をお支払いくださいますよう、ご請求申し上げます。

　もし、右期間内にお支払いのない場合には、改めて契約解除の通知をなすことなく、右期間の経過をもって、貴殿との間の本件建物賃貸借契約を解除いたします。

記

1　賃貸物件
　　所在　　　東京都〇〇区〇〇1丁目1番地1号
　　家屋番号　〇番
　　種類　　　居宅
　　構造　　　木造瓦葺平家建
　　床面積　　〇〇㎡
2　家賃　　1か月金〇〇万円
3　家賃支払期日
　　翌月分を毎月末日限り支払う

平成〇〇年〇月〇日

　　　　　　　　　　　　東京都〇〇区〇〇2丁目2番地2号
　　　　　　　　　　　　　　〇〇不動産株式会社
　　　　　　　　　　　　　　代表取締役　甲野一郎　㊞

東京都〇〇区〇〇1丁目1番地1号
　乙川二郎　殿

アドバイス ①相手方が債務を履行しないとき、債権者は、相当期間内に履行するよう催告し、その期間内に履行しない場合、契約の解除が認められます。もっとも、不動産の賃貸借契約では、当事者間の信頼関係が破壊されたといえる程度になっていないと、契約の解除は認められません。2017年成立の改正民法でも、短期間の賃料不払いなど、債務不履行が「契約及び取引上の社会通念に照らして軽微」である場合、催告後の契約解除（催告解除）が認められないとしています。

②賃料滞納の場合における信頼関係の破壊の有無は、賃料滞納の状況や賃貸人と賃借人との関係などを総合的に考慮して判断されます。本書式は、相当期間内に支払がない場合に、賃料3か月の滞納を理由に契約を解除することを予告するものです（解除予告）。このような催告は内容証明郵便で行う場合もあります。

③賃貸人との話し合いの中で、賃借人が賃料を支払う意思がないことを明確に示しているのであれば、2017年成立の改正民法が定める「履行を拒絶する意思を明確に表示した場合」にあたるとして、催告をすることなく直ちに契約を解除することが認められる場合もあります（無催告解除）。

■ 無催告解除が認められる場合

賃貸人

契約の解除 ⇒ 原則 催告＋相当の期間の経過が必要

賃借人

例外 無催告解除が認められる場合

（改正前民法）
　定期行為または履行不能の場合
（改正民法）
　「債務者が履行を拒絶する意思を明確に表示した場合」などを追加
　⇒債務者の履行の見込みがない場合も無催告解除が可能！

書式20 用法違反を理由とする是正の催告

建物賃貸借契約違反の是正請求及び解約通知書

　平成○○年○月○日、私は、貴殿との間で後記建物を住居用とする目的で建物賃貸借契約（以下「本契約」とする）を締結し、貴殿に後記建物を賃貸しております。ところが、今般、貴殿は、後記建物を宅地建物取引業の事務所として使用していることが判明しました。

　貴殿の行為は、本契約第○条違反であり、本契約第○条に定められている解除事由にも該当します。つきましては、本書到着後2週間以内に、本契約に違反する状態を是正するように催告します。

　万が一、上記期限までにこの是正なきときは、改めて通知することなく、上記の期限満了の日をもって本契約を解除させていただきます。

記

〈建物の表示〉
　　所　　　在　　○○県○○市○○町○丁目○○番地○
　　家屋番号　　○○番○
　　種　　　類　　○○
　　構　　　造　　○○○○造○○建
　　床面積　　1階　○○.○○㎡　2階　○○.○○㎡
平成○○年○月○日

○○県○○市○○町○丁目○番○号
甲野　一郎　㊞

○○県○○市○○町○丁目○番○号
乙川　二郎　殿

アドバイス　賃借人が用途制限に違反した場合は、契約解除の理由となります。本書式例は、是正の催告とともに、応じなかった場合の解除予告を兼ねています。

書式21 家主が借家人に深夜の騒音を停止するよう申し入れる

通告書

　私が貴殿に賃貸しております○○県○○市○○5−8△△アパート3号室の使用につきまして、早朝深夜の鐘や太鼓の打ち鳴らし音がうるさく、睡眠障害などの健康被害が出ているとの苦情がありました。

　当該物件は閑静な住宅街にあり、騒音には大変厳しい土地柄ですので、契約書にも遵守事項として「とくに騒音等で近隣に迷惑をかけないよう配慮する」との特約を設けております。

　つきましては直ちに現状を改善し、契約内容を遵守くださるよう請求いたします。なお、今回の通告にもかかわらず同様の行為を続ける場合は、契約解除の手続をいたしますので、御了承くださいますよう、併せて通告いたします。

平成○○年○月○日

　　　　　　　　　　　　　　　　　　　　　○○県○○市○○8−8
　　　　　　　　　　　　　　　　　　　　　　　　高田浩平　㊞

○○県○○市○○5−8△△アパート3号室
　広田洋平　殿

アドバイス

①本書式は、賃貸借契約書に騒音等の迷惑行為を禁じる条項がある場合の通知書です。

②しかし、このような条項がなくても、近隣から多数の苦情がよせられるレベルの迷惑行為は、借家人の善管注意義務違反（社会通念上要求される注意をもって使用収益する義務への違反）にあたるため、家主は、迷惑行為をやめるよう通告ができます。

③通告後も迷惑行為を止めない場合は、善管注意義務違反や家主との信頼関係破壊を理由として契約の解除ができますので、その点を記載しておくとよいでしょう。

書式22 無断転貸を理由とする解除

通知書

　私は貴殿との間で、東京都○○区○○×丁目×番地△△マンション5階506号室（60㎡）を目的とする賃貸借契約を締結しております。

　ところが貴殿は、賃貸人たる私の承諾を得ないで、上記専有部分を第三者である××××に使用させております。これは、賃借権の無断譲渡ないしは賃借物の無断転貸にあたり、賃借人としての義務に違反するものであります。

　よって私は、上記専有部分の賃貸借契約を解除したいと存じます。つきましては、速やかに上記専有部分を明け渡して、退去してくださいますよう、お願い申し上げます。

平成○○年○月○日

　　　　　　　　　　　　　　東京都○○区○○×丁目×番×号
　　　　　　　　　　　　　　　　　　　○○○○　㊞

東京都○○区○○×丁目×番×号
　△△△△　殿

アドバイス

①賃借人は、賃貸人の承諾を得ずに、無断で賃借権の譲渡や賃借物の転貸（また貸し）をすることはできません。賃借人がこれに反し、第三者に賃借物を使用収益させた場合、賃貸人は契約を解除できます（民法612条）。ただ、無断譲渡や無断転貸が賃貸人に対する背信的行為とならない特段の事情があるときは、賃貸人は契約を解除できません。

②無断譲渡や無断転貸があった場合、賃貸人は、転借人などの第三者に対しては、賃借人との契約を解除しなくても明渡し請求ができます。本書式は賃借人との契約を解除し、賃借人に明渡しを求める通知書で、内容証明郵便によるのが一般的です。

書式23 立退料の支払いによる解約の申入れ

賃貸借契約解約の申入書

○○県○○市○○町○丁目○番○号
乙川　二郎　殿

　拝啓　時下益々ご清栄のこととお慶び申し上げます。
　平成○○年○月○日付建物賃貸借契約によって、私は貴殿に対して後記建物を期間を定めずに賃貸してきましたが、本件建物も老朽化し、修繕維持が困難となっております。そこで、取壊しの上、新たに鉄筋コンクリートの建物を建築したいと考えております。
　つきましては、本書面により本件建物賃貸借の終了を申し入れます。立退料として金○○○○円をお支払いいたしますので、ご承諾ください。本書到達後6か月を経過した時点で建物を明け渡していただくことになりますので、ここに通知いたします。　　　　　　　　　　　　敬具

記

〈建物の表示〉
　　所在　　　○○県○○市○○町○丁目○○番地○
　　家屋番号　○○番○
　　種類　　　○○
　　構造　　　○○○○造○○建
　　床面積　　1階　○○.○○㎡　　2階　○○.○○㎡

平成○○年○月○日
　　　　　　　　　　　　○○県○○市○○町○丁目○番○号
　　　　　　　　　　　　甲野　一郎　㊞

アドバイス　期間の定めのない建物賃貸借の場合、賃貸人から正当事由のある解約申入れがあると、その到達から6か月経過時に契約が終了します。正当事由の判断には立退料の有無も考慮されます。

書式24 建物の利用状況を考慮した解約申入れ

賃貸借契約解約の申入書

○○県○○市○○町○丁目○番○号
○○○○　殿

　拝啓　時下益々ご清栄のこととお慶び申し上げます。
　平成○○年○月○日、私は貴殿との間で、期限の定めのない賃貸借契約を締結し、貴殿に後記建物を賃貸してきました。
　しかし先日の台風による水害によって、私の住居が倒壊し、使用できないばかりか、修繕も不可能となりました。他方、貴殿におかれましては、ご子息も独立され、本件建物に貴殿お一人でお住まいとなられているようです。これらの事情を考慮させていただき、誠に恐縮ではございますが、本件建物を今後、私どもで使用させていただきたくお願い申し上げる次第です。
　つきましては、本契約の終了を申し入れるとともに、立退料として○○○○○円をお支払いいたしますので、ご承諾くださいますようお願い申し上げます。以上より、本通知到着後6か月をもって、本契約を終了し、明け渡してくださいますよう、お願い申し上げます。

敬具

記

〈建物の表示〉
所在　　　　○○県○○市○○町○丁目○○番地○
家屋番号　　○○番○
種類　　　　○○
構造　　　　○○造○○建
床面積　　1階　○○.○○㎡　2階　○○.○○㎡

平成○○年○月○日
　　　　　　　　　　　　東京都○○市○○町○○○○番地
　　　　　　　　　　　　　　　○○○○　㊞

アドバイス　①賃貸人が期間の定めのない建物の賃貸借の解約申入れをするには、解約申入れに6か月の猶予期間を設けていることの他、建物使用の必要性や立退料の支払など、解約申入れについて正当事由があることも必要になります。

②解約申入れに際しての正当事由の内容としては、ⓐ貸主側の事情（現在の住居の状態や家族数、職業、経済状態など賃貸物件が必要な理由）、ⓑ借主側の事情（職業、家族数、経済状態、転居が可能か否かなどの事情）、ⓒ借家契約で定めた事情などが挙げられます。たとえば、貸主が老後の生活に備えるための場合は、貸主自らが賃貸物件を使用する必要性が高いと判断され、正当事由が肯定される可能性が高いといえます。

③とくに訴訟になった場合、立退料の支払いの有無が、正当事由の有無を判断する際の事情のひとつとして考慮されます。裁判所は、貸主が高額の立退料を借主に提供すれば「正当事由がある」と判断し、立退料が低額もしくはゼロであれば「正当事由はない」と判断する場合が多いようです。もちろん貸主側と借主側の事情なども考慮して正当事由の有無が決められますので、高額の立退料を提供したからといって、必ず正当事由があると裁判所が判断するわけではありませんが、1つの判断基準にはなります。

■ 立退料を求めるための要件

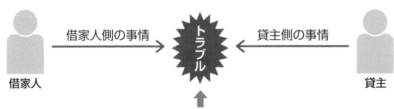

書式25 解約後も居座る借主に立退きを請求する

使用継続への異議通知及び明渡要求書

　私と貴殿との間で締結した後記建物賃貸借契約は、平成○○年1月15日に、私の解約申入れの通知書が貴殿に到達し、同日から6か月の経過をもって終了しました。しかし貴殿は、前記契約終了後も当該建物の使用を継続しておりますので、借地借家法第27条第2項、第26条第2項の定めに従い、異議を申し伝えます。また、直ちに同物件を明け渡すようにお願いいたします。

　（建物の表示）
　　所在　　　東京都○○区○○1丁目2番3号
　　家屋番号　○○番○
　　種類　　　○○
　　構造　　　○○造○○建
　　床面積　　○○.○○㎡

平成○○年7月16日

　　　　　　　　　　　　　東京都○○区○○2丁目3番4号
　　　　　　　　　　　　　　　通知人　　甲野一郎　㊞

東京都○○区○○1丁目2番3号
　被通知人　　乙川二郎　殿

アドバイス　①期間の定めのない建物賃貸借の場合、貸主の解約申入れから6か月経過後も借主が退去しない場合、貸主は、すみやかに異議を述べないと、解約が認められなくなります。貸主が正当事由の下で解約申入れをした場合、6か月を経過すると期間の定めのない建物賃貸借は終了

第5章　借家契約の更新・解約・変更・敷金をめぐる書式

するのが原則です。しかし、その後も借主が建物の使用を継続する場合、貸主が遅滞なく正当事由のある異議を述べないと、解約がなかったことになります。6か月経過後も借主が建物の使用を継続する場合、明渡しを請求するため、本書式のような書面を送付する必要があります。貸主が借主に対し、建物の明渡しを請求する際は、配達証明付の内容証明郵便を利用するとよいでしょう。

②記載にあたってのポイントは、解約申入れから6か月の経過、相手方の使用継続の事実、異議を申し述べること、ということになります。正当事由は解約申入れ時点で述べていれば、必ずしも記載する必要はなく、借主からの反論に対し再反論が必要な場合に記載すればよいでしょう。なお、解約後も居座る借主に対して明渡しを求めて訴訟を起こし、強制執行に至るまでの法的手続きの費用や時間の煩わしさを考えれば、いくらかの立退料を支払って退去してもらう方が得だと考えることもできます。その場合には、立退きの請求とともに、立退料の支払いに関して記載しておく方法もあります。

③賃貸物件の表示は、将来紛争になる可能性もあるため、登記事項証明書などで確認し、正確に記載することが大切です。

■ 立退料の支払が必要となる場合

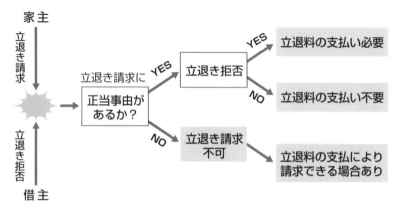

書式26 取壊し予定建物の賃貸借における明渡請求

建物明渡催告書

　平成○○年○月○日、私は貴殿との間で、取壊し予定である後記建物の賃貸借契約を締結し、賃貸しました。契約時にもご説明したとおり、本件建物は都市計画法による道路拡張によって取り壊されるため、平成○○年○月○日を契約期間の終期としましたことは、貴殿も十分に理解されていることと存じます。

　しかし、上記契約期間満了後現在に至るまで、貴殿は本物件の明渡しを完了しておりません。つきましては、本書到達から10日以内に、本件建物を明け渡すよう催告いたします。

記

〈建物の表示〉
　　所在　　　　○○県○○市○○町○丁目○○番地○
　　家屋番号　　○○番○
　　種類　　　　○○
　　構造　　　　○○○○造○○建
　　床面積　　　○○.○○㎡

平成○○年○月○日

　　　　　　　　　　　　　○○県○○市○○町○丁目○番○号
　　　　　　　　　　　　　　　　　甲野　一郎　㊞

○○県○○市○○町○丁目○番○号
　乙川　二郎　殿

アドバイス　法令または契約で一定の期間の経過後に建物を取り壊すことが明らかな場合、取壊しの時に賃貸借が終了する旨を定めることができます。この特約は書面で行わなければなりません（借地借家法39条）。

書式27 定期借家契約の期間満了を理由とする明渡請求

通知書

平成〇〇年〇月〇日

借主（住所）〇〇県〇〇市〇〇町1-1-1
　　（氏名）〇〇〇〇　様

　下記物件について　　年　　月　　日に期間の満了により定期建物賃貸借契約が終了しますので、契約書第〇条の規定に基づき、あらかじめご通知申し上げます。

記

名　　称　〇〇アパート
所在地　　〇〇県〇〇市〇〇町1-1-1
住戸番号　〇〇〇〇番　種類　〇〇
構　　造　〇〇〇〇　床面積　〇〇.〇〇㎡

　したがいまして、本件建物を原状に復した上で、お明け渡しいただきますようにお願い申し上げます。

平成〇〇年〇月〇日

住所　〇〇県〇〇市〇〇町2-2-2
賃貸人　　××××　　　㊞

アドバイス

定期建物賃貸借（定期借家契約）の場合、賃貸人は、期間満了で契約が終了し更新がないことを、契約前に書面を交付して説明しなければなりません。契約期間が1年以上の場合は、期間満了の6か月前までに、期間満了で契約が終了する旨を通知する義務があります。この通知をしないと、期間満了時における契約終了を賃借人に主張できません（借地借家法38条4項）。通知は内容証明郵便で行うのが一般的です。

書式28 保証金（敷金）の返還を請求する場合

催告書

　当方は、平成○○年○月○日から平成○○年○月○日までの間、貴殿から貴殿の所有する東京都○○区○○×丁目×番×号所在の建物を賃借してまいりました。

　上記契約は平成○○年○月○日をもって終了し、また、建物の明渡しも済んでおります。しかし、その後2か月程経過いたしましたが、右契約の際に当方が交付した敷金○○万円の返還が、貴殿よりいまだになされておりません。つきましては、すみやかに敷金の返還をしてくださるよう請求いたします。

平成○○年○月○日

　　　　　　　　　　　　　　東京都○○区○○×丁目×番×号
　　　　　　　　　　　　　　　　　　○○○○　　㊞

東京都○○区○○△丁目△番△号
　○○○○　殿

アドバイス

①敷金（保証金）返還の催告は内容証明郵便によって行うのが一般的です。

②敷金は、賃借人の賃貸人に対する債務の一切を担保するものであるため、賃借物の明渡しが済んでから、未払賃料や賃貸人の損害などを控除した上で賃借人に返還されます。

③賃貸人が敷金の返還を渋り、トラブルになることはとても多いといわれています。賃借人としては、賃貸建物の明渡しをする段階で、建物の状況がどのようなものであったかを証明するため、日付入りの写真やビデオなどに残しておきましょう。また、賃貸人に明細書を提出するように請求してみるのもよいでしょう。

第5章　借家契約の更新・解約・変更・敷金をめぐる書式

書式29 敷金と原状回復費用の相殺を主張する場合

回答及び敷金相殺のご連絡

　平成○○年○月○日締結の賃貸借契約（以下、「本契約」とします）終了による建物明渡しの後、同年○月○日付内容証明郵便によって、貴殿から金50万円の敷金返還請求書が送達されましたが、これに対して次のとおり回答します。

　貴殿の建物明渡し後、当方で本件物件内を調査したところ、本契約では貴殿負担で修繕維持することとなっていた壁紙、障子、襖、カーペット等の損傷がひどく、その原状回復には60万円を費やしました。本契約によれば、貴殿が負担すべきものであった上記費用を立て替えて支出した当方には、敷金から原状回復費用を充当することが認められておりますので、貴殿から返還請求のあった敷金50万円とこれを相殺します。なお、これによって当方に10万円の立替金返還請求権が生じますが、同債権は放棄しますので、あわせてご連絡いたします。

平成○○年○月○日

　　　　　　　　　　　　　東京都○○区○○町○丁目○番○号
　　　　　　　　　　　　　　甲野　一郎　㊞

東京都○○区○○町○丁目○番○号
　乙川　二郎　殿

アドバイス
①賃貸物件を賃貸人に明け渡す際、賃借人は契約で定めた範囲または経年変化を超える損傷について、原状に復する義務があります（原状回復義務）。
②経年変化の範囲内の損傷であっても、特約として賃借人が原状回復することになっていれば、その費用も賃借人が負担します。
③原状回復費用については、本書式のように、まずは敷金を充当し、残金があれば賃借人に返還します（本書式では逆に不足分が生じたものの、それは放棄しています）。

書式30　有益費の償還を請求する場合

有益費償還請求通知書

　平成○○年○月○日、私は貴殿との間で後記建物に関する建物賃貸借契約を締結して、同建物を賃借しておりましたが、平成○○年○月○日、期間満了によって同契約は終了しました。

　私は、賃借していた上記期間内に、同建物内のトイレをくみとり式から水洗式にする工事を行い、金50万円を負担しております。

　よって、本書到達から2週間以内に、上記の有益費を償還くださいますよう、ご請求申し上げます。

記

〈建物の表示〉
　　東京都○○区○○町○丁目○○番地○
　　家屋番号　　　○○番○
　　種類・構造　居宅　木造瓦葺平家建
　　床面積　○○.○○㎡

平成○○年○月○日

　　　　　　　　　　　　東京都○○区○○町○丁目○番○号
　　　　　　　　　　　　　　　　　甲野　一郎　㊞

東京都○○区○○町○丁目○番○号
乙川　二郎　殿

アドバイス

①賃貸物件の価値を高めるために支出した費用を有益費といい、契約終了時に価値の増加が現存する場合、賃借人は賃貸人の選択によって、支出した費用分または現存する価値の増加分のいずれかを請求できます。

②有益費償還請求は特約での排除が認められており、契約終了時から1年の経過で消滅するので、注意が必要です。

第5章　借家契約の更新・解約・変更・敷金をめぐる書式

書式31 家主が借家人にペットの飼育をやめるよう申し入れる場合

通告書

　貴殿が居住している物件(横浜市○○区○○町○丁目○番○号)において、ペット(犬2匹)を飼育しているため、鳴き声や臭いなどで大変迷惑しているとの通報を受けました。

　当該物件は契約書においてペット飼育を禁じております。つきましては、直ちにペットの処遇を決定し、飼育をやめていただけるよう請求いたします。

　なお、本状到達日から1か月以内にこの請求を実行していただけない場合は、契約書第○○条の規定に基づき、契約を解除いたしますのでご了承ください。

平成○○年○月○日

　　　　　　　　　　　　　　横浜市○○区□□町×丁目×番地×号
　　　　　　　　　　　　　　通知人　株式会社　□□不動産
　　　　　　　　　　　　　　代表取締役　　○○○○　㊞

横浜市○○区○○町○丁目○番○号
被通知人　△△△△　殿

アドバイス

①近年のペットブームの影響もあり、「ペットOK」の物件も増えていますが、ペットは飼い主には大事な家族であっても、近隣住民には騒音や悪臭などの原因でしかない、といったことも多いといえます。

②契約書でペット禁止を明記している場合や禁止していなくても近隣に多大な迷惑をかけていればそのことを記載して改善を要求します。改善がない場合は、借主の契約違反または善管注意義務違反を理由に、契約の解除が可能です。

第6章

困ったときの法的手段と書式

1 借地や借家のトラブルにはどんなものがあるのか

家賃滞納、敷金の返還、賃借権譲渡・転貸に関するトラブルが多い

● 借家のトラブル

借家契約の目的物は一戸建からアパート・マンションまでさまざまです。借家におけるトラブルとしては、家賃滞納の問題、家賃の増額や減額についての問題、転貸（また貸し）の問題、更新料の問題、立退きや立退料の問題、敷金や保証金の問題などいろいろあります。その中でも家賃滞納によるトラブルや、敷金（保証金）の返還をめぐるトラブルが多く発生しています。家賃の滞納が3か月以上に及べば、家主と借家人との信頼関係は壊れたといえ、契約の解除も可能です。

● 借地のトラブル

借地契約は、借地人が建物所有を目的として、地主から土地を賃借するか、または地上権を設定してもらう契約です。借地人は使用収益の対価として、地主に地代（正確には賃借権の対価を賃料、地上権の対価を地代といいます）を支払います。

借地におけるトラブルとして、賃借権の譲渡や借地の転貸をめぐる問題、土地の明渡しや契約解除をめぐる問題などがあります。

● 最終的には訴訟によって解決する

話し合いが成立しないときは、やむを得ず、支払督促、借地非訟、訴訟の提起という法的手段をとることになります。最終手段は訴訟の提起ですが、訴訟に至るまでにも内容証明郵便の利用など、様々な方法をとることができます。

■ 借地借家をめぐるトラブル解決法早わかり

```
┌─────────────────────────────────────────────┐
│ 賃料の増減・賃料不払い・土地や建物の明渡し・敷金や保証金の返還・ │
│ 増改築・立退料の金額・更新料の支払いといったトラブル          │
└─────────────────────────────────────────────┘
                        │ 電話
                        │ 内容証明郵便
```

おもに金銭債権

- 当事者同士で話し合い、あらかじめ合意できた場合
- 当事者同士の話し合いで解決できない場合

民事調停
借地・借家の地代・家賃に関するトラブル

借地非訟
増改築、借地権譲渡、借地転貸につき、借地の賃貸人の同意が得られないとき

通常訴訟
事実関係や債務内容について本格的に争う場合

支払督促
賃借人が賃料を支払わない場合

少額訴訟
60万円以下の賃料や修繕費用の支払いについて争いがある場合

公正証書等

公正証書に執行受諾文言がある

→ トラブル解決

→ 強制執行

第6章　困ったときの法的手段と書式

2 供託とはどんな手続きなのか

供託することで債務不履行を免れることができる

● 弁済供託による債務の履行

　金銭や物品などを供託所に預けることを供託といい、①弁済のためにする供託（弁済供託）、②担保のためにする供託（保証供託）、③強制執行のためにする供託（執行供託）、④供託物の保全のためにする供託（保管供託）、⑤制度の濫用を防止するためにする供託（没取供託）の５種類があります。

　これらの中で最も多く利用されているのは①の弁済供託です。弁済供託とは、たとえば、貸主が賃料の受領を拒んでいる場合に、借主が賃料相当分を供託して債務を免れることです。賃料の受領を拒まれたからといって、借主が賃料を支払わずに放っておくと、債務不履行となって、賃貸借契約の解除を受けたり、損害賠償請求を受けたりしますが、供託をすればこれらの事態を回避することができます。

　弁済供託は、①債権者が弁済の受領を拒んでいる場合、②債権者が弁済を受領できない場合、③弁済者の過失なくして債権者が誰であるか確知できない場合に認められます。これらの要件を供託原因といいます。供託書の「供託の原因たる事実」の欄には、①②③のうちいずれかの要件を満たしていることを具体的に記載する必要があります。

　弁済供託は、債務の履行地の法務局（供託所）で行います。債務履行地に供託所がないときは、同じ都道府県内の最寄りの供託所に供託します。

① **債権者が受領を拒んでいる場合**

　供託原因のひとつである債権者の受領拒否は、債務者が契約に従って適法な弁済の提供（たとえば、賃借人が賃料を賃貸人の下に持参し

て賃貸人に受け取りを求める行為など）をしたにもかかわらず、債権者がこれに応じなかった場合です。たとえば、賃借人が従来どおりの賃料を提供したにもかかわらず、賃貸人が増額された賃料でなければ受け取らないと主張した場合です。受領拒否を理由として供託する場合には、原則として供託の前に弁済の提供をする必要があります。

ただし、債権者が弁済の受領をしないことが明らかな場合は、弁済の提供をしなくても弁済供託ができます。たとえば、賃貸人が賃貸借契約そのものが終了したことを理由に、明渡しを求める訴訟を起こしている場合などです。受領しないことが明らかかどうかは、ケース・バイ・ケースで判断します。

② **債権者が受領できない場合**

債権者の受領不能は、債権者が不在の場合や行方不明の場合など、債権者が弁済を受領できない場合をいいます。たとえば、賃貸借契約において、貸主の自宅に賃料を持参して支払うこととされているにもかかわらず、貸主の自宅が不明で支払いができない場合です。あるいは、借主が賃料を支払うつもりで貸主の自宅に行ったが、貸主が不在だった場合も受領不能になります。

■ **供託の手続きの流れ**

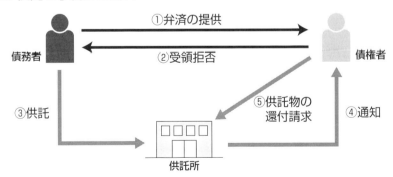

③ 債権者が誰なのか確知できない場合

債権者の不確知は、たとえば、貸主（債権者）が死亡したが、誰が相続人であるかがかわからない場合です。あるいは、債権譲渡があった場合に、複数の人が自らを債権の譲受人であると主張し、現在の債権者を特定できない場合も、債権者の不確知に該当します。

● 供託申請後の手続きについて

供託の申請がなされると、供託官が供託書の記載に基づいて申請の適否を審査し、供託が適法であれば受理決定をします。供託が不適法であれば、却下決定（不適法として申請を退けること）をします。供託が受理されれば、債権者にそのことが通知されます。その後、債権者は供託所に対し供託物の還付（交付）を請求できるようになります。

なお、供託原因がなくなって供託する必要がなくなった場合、債務者は供託した金銭などを供託所から取り戻すことができます。

■ 供託書の記載例（家賃の弁済供託）

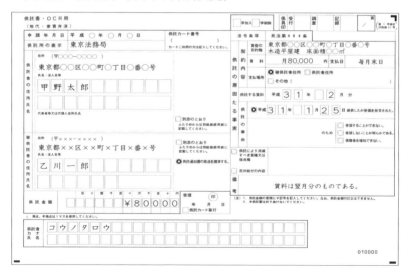

書式 1　供託された家賃を受け取るときの通知

通知書

　当社は貴社に下記の建物を家賃1か月金35万円で賃貸してまいりましたが、平成○○年○月○日付けで、右家賃を1か月金40万円に値上げする通知をいたしました。

　ところが貴社は、当社の請求に応じず、平成○○年○月○日××法務局へ、平成○○年○月分の家賃として金35万円を供託されました。そこで当社としましては、右供託金を、平成○○年○月分の新家賃の一部として受領いたしますので、ご承知おきください。今後、貴社が供託された場合には、当社は貴社の供託金を新家賃の一部に充当いたしますので、あらかじめお断り申し上げます。

記

賃貸物件の表示〈省略〉

平成○○年○月○日

　　　　　　　　　　　東京都○○区○○×丁目×番×号
　　　　　　　　　　　　株式会社△△△△△
　　　　　　　　　　　　代表取締役　△△△△　㊞

東京都○○区○○×丁目×番×号
株式会社□□□□
代表取締役　□□□□　殿

アドバイス　家賃について賃貸人・賃借人間で折り合いがつかない場合、賃借人は家賃を供託して債務不履行の責任を免れることができます。賃貸人としては、賃借人が供託した家賃は、あくまで賃貸人が相当と考える家賃の一部であることを明示した上で、供託金を受け取ることを伝える必要があります。

3 事実関係の確認にはまず内容証明郵便を出す

後々の訴訟などをふまえて証拠作りをしておくことが大切

● 相手に心理的プレッシャーをかけることができる

　内容証明郵便は、誰が、どんな内容の郵便を、誰に送ったのかを郵便局に証明してもらえる特殊な郵便です。一般の郵便物でも書留郵便にしておけば、郵便物を引き受けた時から配達されるまでの保管記録は郵便局に残されます。しかし、書留では、郵便物の内容についての証明にはなりません。その点、内容証明郵便を配達証明付きにしておけば間違いがありません。郵便物を発信した事実から、その内容、さらには相手方に配達された事実まで証明をしてもらえます。これは、後々訴訟になった場合の強力な証拠になります。書かれている内容自体はさほどのものでなくても、内容証明郵便で通知をすれば相手方に心理的なプレッシャーをかけることができます。

　内容証明郵便は、受取人が1人の場合でも、同じ内容の文面の手紙を最低3通用意する必要があります。ただ、全部手書きである必要はなく、コピーでも大丈夫です。郵便局ではそのうち1通を受取人に送り、1通を郵便局で保管し、もう1通は差出人に返却することになっています。同じ内容の文面を複数の相手方に送る場合には、「相手方の数＋2通」用意することになります。内容証明郵便は受取人にある程度のインパクトを与える郵便です。後々訴訟になった場合、証明力の高い文書として利用することにもなります。ただ、いったん送ってしまうと、後から送らなかったことにするのはできません。

　このことから、内容証明郵便で出す文書は、事実関係を十分に調査・確認した上で、正確に記入することが必要です。

● 書ける字数が決まっている

　内容証明郵便で1枚の用紙に書ける文字数には制約があります。縦書きの場合は、1行20字以内、用紙1枚26行以内に収めます。横書きの場合は、①1行20字以内、用紙1枚26行以内、②1行13字以内、用紙1枚40行以内、③1行26字以内、用紙1枚20行以内の3つのパターンの書き方があります。つまり、用紙1枚につき520字を最大限とするわけです。もちろん、長文になれば、用紙は2枚、3枚となってもかまいません。ただ、枚数に制限はありませんが、1枚ごとに料金が必要になります。

● 郵便局へ持っていく

　こうしてできた同文の書面3通（受取人が複数ある場合には、その数に2通を加えた数）と、差出人・受取人の住所・氏名を書いた封筒を受取人の数だけ持って、郵便局の窓口へ持参します。郵便局は、近隣のうち集配を行う郵便局または地方郵便局長の指定した無集配郵便局を選びます。字数計算に誤りがあったときなどのために、訂正用の印鑑を持っていくのがよいでしょう。

　郵便局に提出するのは、内容証明郵便の文書、それに記載された差出人・受取人と同一の住所・氏名が書かれた封筒です。郵便局の窓口で、それぞれの書面に「確かに何日に受け付けました」という内容の証明文と日付の明記されたスタンプが押されます。その後、文書を封筒に入れて再び窓口に差し出します。そして、差し出した封筒と引き替えに、受領証と控え用の文書が交付されます。なお、内容証明郵便を差し出した郵便局では、その謄本を5年間保存しています。

● 電子内容証明郵便もある

　郵便局から出す内容証明郵便は、郵便局員が実際に差し出す文面を読んで内容を確認し、記入ミスがないかを調べます。そのため、手続

きにある程度の時間がかかりますし、郵便局が開いている時間でなければ受け付けてもらえません。

　しかし、郵便局の電子内容証明サービスを利用すれば、受付はインターネットを通じて行われるため、24時間いつでも申込みができます。しかも、文書データを送信すれば、自動的に3部作成するという処理をしてもらえますので、手続きは短時間で終了します。差出人から送信された文書データは、電子内容証明システムで受け付けます。その後、証明文と日付印を文書内に挿入してからプリントアウトされ、完成した文書は封筒に入れて発送されます。文書データの送信時から発送までの処理は、原則的に自動で（機械で）行われます。

　電子内容証明サービスの料金は、基本料金82円、内容証明料金1枚につき375円（1枚増えるごとに353円加算）、書留料金430円、配達証明料金310円です。他に通信文用紙料金15円（2枚目以降は5円）、謄本送付料金298円がかかります。利用の方法などの詳細は「e内容証明」のホームページを参照してください。

■ 内容証明郵便の書き方

用　紙	市販されているものもあるが、とくに指定はない。 B4判、A4判、B5判が使用されている。
文　字	日本語のみ。かな（ひらがな、カタカナ）、漢字、数字（算用数字・漢数字）が使用できる。 外国語不可（英字は固有名詞に限り使用可）。
文字数と行数	縦書きの場合　　：20字以内×26行以内 横書きの場合①：20字以内×26行以内 横書きの場合②：26字以内×20行以内 横書きの場合③：13字以内×40行以内
料　金	文書1枚（430円）＋郵送料（82円）＋書留料（430円） ＋配達証明料（差出時310円）＝1252円 文書が1枚増えるごとに260円加算

※2018年3月1日現在消費税8％改訂時の料金

書式2 駐車料金の支払請求書

```
　　　　　　　　　請求書

　当社は、平成○年○月○日、貴殿との間で
次の通り駐車場賃貸借契約を締結しました。
1　賃貸借物件：○○区○○○丁目○番○号
　所在の駐車場（普通乗用自動車1台分）
2　賃貸借期間：平成○○年○月○日から平
　成○○年○月○日まで
3　駐車料：月額金○万円
4　支払方法：前月○日までに翌月分を賃貸
　人方に持参
　ところが、貴殿は平成○○年○月○日から
現在に至るまで4か月分○○万円の駐車料を
支払っていません。
　つきましては、本書面到達後7日以内に右
駐車料金をお支払い下さるようお願い申し上
げます。

　平成○年○月○日
　　　　東京都○○区○○町1丁目1番1号
　　　　株式会社○○不動産
　　　　　　　　代表取締役　甲野太郎　印
　東京都○○区○○町2丁目2番2号
　乙野花子　殿
```

アドバイス

①請求する際には遅滞している月や金額を具体的に記載する必要があります。契約書の条項などを具体的に持ち出すとより説得力がでてきます。

②契約の解除も考えている場合、支払いがない場合に解除することを記載すると二度手間を防げます。

4 民事調停でトラブルを解決する

調停委員を交えた話し合いでトラブルを解決する制度

● 民事調停とはどんなものか

　話し合いで紛争を解決したいと考えたとき、すぐに思い浮かぶ方法が調停です。調停は、第三者である調停機関が紛争の当事者双方の合意が得られるように説得しながら、和解が成立するために努力する手続きです。したがって、当初から当事者の対立が激しく、ほとんど歩み寄りの余地がない場合には適しません。

　民事調停を利用すると、訴訟に比べて費用も時間も大幅に節約できます。とくに簡易裁判所で行われる民事調停は、借金の返済、売買代金や賃料の支払い、交通事故の処理など、身近な紛争を解決するためによく利用されています。

● 宅地建物調停

　民事調停には、借金に関するトラブルなど一般的な民事事件を取り扱う一般調停の他に、特定の事件を取り扱う特定調停があります。宅地や建物の貸借その他の利用関係の紛争に関する「宅地建物調停」も特定調停のひとつで、民事調停法で特別のルールが置かれています。

　たとえば、地代借賃増減請求事件の調停において当事者間に合意が成立する見込みがないときに、当事者間に調停委員会の定める調停条項に服するとの書面による合意がある場合、調停委員会は、当事者の申立てにより、当該事件の解決のために適当な調停条項を定めることが認められています（民事調停法24条の3）。その他、農地の貸借については「農地調停」という特定調停の手続きに従います。

● 民事調停の手続きはどうなっている

　民事調停の申立ては、簡易裁判所に申立書を提出して行います。弁護士などの専門家に依頼せず、本人が申し立てることも可能です。

　調停委員会は、裁判官1名（調停主任）と調停委員2名から構成され、調停委員には司法関係者の他に、大学教授・医者・建築家・公認会計士・不動産鑑定士といった各分野の専門家も選ばれます。

　調停期日には、原則として本人が出席しますが、やむを得ない事情があれば、調停委員会の許可を得て代理人を出席させることもできます。話し合いは当事者と調停委員がテーブルを囲んで、比較的和やかな雰囲気で行われます。裁判官は要所々々に出席するだけで、おもに調停委員が当事者から事情を聞いて、紛争の要点を把握します。

　民事調停が成立すると調停調書が作成されます。調停調書には確定判決と同一の効力がありますので、相手方が調停調書に記載された約束を履行しない場合、強制執行（232ページ）の申立てができます。調停が不調（不成立）に終わっても、2週間以内に民事訴訟を起こせば、最初から（調停の申立ての時から）民事訴訟を起こしたのと同じになります。なお、民事調停を申し立てても、相手方が調停期日に出席しなかった場合や、出席したとしても合意が得られない場合、調停は不調に終わります。

■ 民事調停の手続き

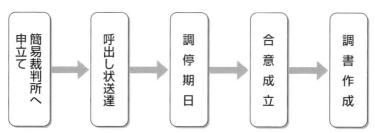

簡易裁判所へ申立て → 呼出し状送達 → 調停期日 → 合意成立 → 調書作成

書式 3　賃料をめぐる紛争についての調停申立書

調停事項の価額	280,000円
ちょう用印紙	1,500円
予納郵便切手	3,700円
（賃料等）	

印紙欄
（割印はしないでください）

裁判所用
宅地建物
受付印

調　停　申　立　書

東　京　簡易裁判所　御中

作成年月日	平成 31 年 1 月 28 日
申立人	住所（所在地）（〒000-0000） 東京都○○区○○町○丁目○番○号 氏名（会社名・代表者名） 甲野　一郎　　　　　　　　　　　　　　　　㊞ ＴＥＬ　03-0000-0000　ＦＡＸ　-　- 送達場所等の届出 申立人に対する書類の送達は、次の場所に宛てて行ってください。 ☑ 上記住所等 □ 勤務先　名称 　　〒 　　住所 　　　　　　　ＴＥＬ　-　- □ その他の場所（申立人との関係　　　　　　） 　　〒 　　住所 　　　　　　　ＴＥＬ　-　- □ 申立人に対する書類の送達は、次の人に宛てて行ってください。 　氏　名
相手方	住所（所在地）（〒000-0000） 東京都○○区○○町○丁目○番○号 氏名（会社名・代表者名） 乙川　二郎 ＴＥＬ　03-0000-0000　ＦＡＸ　-　-
相手方	住所（所在地）（〒000-0000） 東京都○○区○○町○丁目○番○号 氏名（会社名・代表者名） 丙山　三郎（連帯保証人） ＴＥＬ　03-0000-0000　ＦＡＸ　-　-
申立ての趣旨	（該当する数字を○印で囲んでください。） 相手方　は、申立人に対して、 1　賃料を、平成　　年　　月分から 〔(1) 月額金　　　　　円　(2) 相当額〕に増額する 2　賃料を、平成　　年　　月分から 〔(1) 月額金　　　　　円　(2) 相当額〕に減額する ③　未払賃料金　280,000 円を支払うこと との調停を求める。

裁判所用

紛争の要点

1 賃貸借契約の内容

(1) 契約当事者氏名	賃貸人	甲野　一郎	賃借人	乙川　二郎
(2) 賃貸（借）物件	別紙物件目録記載のとおり			
(3) 賃貸（借）日	平成 30 年 4 月 1 日			
(4) 期　　間	1 年			
(5) 賃　　料	1か月金　　70,000 円 （平成 19 年 4 月 1 日から）			
(6) 連帯保証人氏名	丙山　三郎			
(7) 特　　約				

2 賃料改定の理由（該当する数字及び箇所を○印で囲んでください。）

(1)	（土地・建物）に対する税金が（上・下）がった。
(2)	（土地・建物）の価格が（上・下）がった。
(3)	近隣の（土地・建物）と比較して賃料が（低・高）額である。
(4)	その他（具体的に書いてください。）

3 未払賃料

　平成 30 年　8 月分から平成 30 年 11 月分まで合計金 280,000 円

4 供託の有無（該当する箇所を○印で囲んでください。）

　（相手方　・申立人）は，　平成　　年　　月分から毎月金　　　　円を
　法務局　　　　　　　　　　に供託している。

5 その他

添付書類	賃貸借契約書写し 1 通 評価証明書　　　　通	不動産登記簿謄（抄）本又は登記事項証明書　　通 商業登記簿謄（抄）本又は登記事項証明書　　通

第6章　困ったときの法的手段と書式

アドバイス

①借地人や借家人は、契約で定められた時期までに、定められた場所・方法で、賃料（地代や家賃）を支払わなければなりません。支払時期については、毎月末日までに翌月分を支払うという特約（前払い）が多いようです。しかし、当事者間で特約を結んでいない場合には、宅地や建物の賃料は毎月末に当月分を、宅地でない土地の賃料は毎年末に当年分を、それぞれ支払うことになっています（後払い）。

②賃料の支払場所・方法は、地主や家主が指定する口座に借地人や借家人が振込送金する特約が多いようです。しかし、当事者間で特約を結んでいない場合には、借地人や借家人が地主や家主の自宅などに赴いて、現金を直接支払うことになっています。

③借地人や借家人が、契約で定められた時期までに賃料を支払わないと、債務不履行（契約違反）として契約解除の原因になります。地主や家主が賃料の滞納を理由に契約解除をする場合、原則として相当の期間を定めて滞納賃料の支払いを催促（催告）し、その期間内に賃料の支払いがないときに、改めて契約解除を通知します。

④滞納賃料は、放っておくとすぐに相当な金額になるので、早目に請求しておく必要があります。請求の際の「相当な期間」としては1～2週間程度を設定するのがよいでしょう。あまりに短い期間を設定すると、相当な期間を定めた催促とはいえないとして、新たなトラブルの種になりかねません。滞納賃料がいつの分で総額いくらなのかを記載しておき、相手の出方を待って、民事調停などの法的手段を検討することにしましょう。

⑤民事調停を申し立てる場合、申立書（書式3）には契約内容や滞納賃金の金額を記載し、その他、特筆すべき事項があれば「5 その他」の欄に記入します。賃貸借契約の内容として記載する賃料の額については、金額とともに、現在の賃料になった日付を記載する必要があります。また、特約の欄には、現在の賃料の支払方法に関して、貸主・借主の間で特別に約束した事項がある場合には、その内容について詳しく記載する必要があります。

5 訴訟手続きの流れはどうなっているのか

口頭弁論期日に原告・被告がお互いの主張を述べる

● 訴えを起こす裁判所はどこか

　訴訟手続きを利用せざるをえない状況になった場合、訴えを起こす裁判所を決めます。賃料支払いや物件明渡しなどの民事（私人同士の争い）に関する訴えを起こす裁判所は、地方裁判所・簡易裁判所のどちらかです。家庭裁判所は、離婚や相続などの家事（家庭内・親族内の争い）に関する訴えを起こす裁判所になります。

　地方裁判所・簡易裁判所のどちらの裁判所になるかは、訴訟で主張される金銭支払いの請求額が140万円以下の場合は簡易裁判所、140万円を超える場合は地方裁判所に訴えを起こすのが原則です。これに対し、物件の引渡し・明渡しを求める訴訟など、金銭支払いの請求以外の訴訟については、物件の価値（金額）を問わず、地方裁判所に訴えを起こすことになります。

　ここでの「請求額」は、利息や遅延損害金を除く元本が基準になります。たとえば、130万円の賃料支払請求訴訟は、利息や遅延損害金を含めて140万円を超えても、簡易裁判所に訴えを起こします。

　簡易裁判所か地方裁判所かが決まった後は、どこの場所にある裁判所に訴えを起こすのかを決めなければなりません。基本的には被告の住所地を管轄する裁判所に訴えを起こします。たとえば、家主が原告となって借家人を被告として建物の明渡しを求める場合、借家人の住所地を管轄する裁判所に訴えを提起するのが原則です。

● 第一審の手続きはどうなっている

　民事訴訟は、当事者の一方が訴状を裁判所に提出することによって

始まります。訴状が提出されると、裁判所は、被告に対して、訴状の副本（コピー）を送付するとともに、訴状に書いてあることを認めるのか、それとも反論するのかを書いた答弁書を、裁判所へ提出するように求めます。他にも裁判所は、指定した期日（口頭弁論期日）に裁判所へ出頭するように、当事者双方へ呼出状を送ります。

その後の口頭弁論期日では、争点を整理する作業が行われます。具体的には、原告の請求のうち、被告が争う点と争わない点を明確にする作業です。事実関係に争いがあれば、どちらの主張が正しいのかを判断するため、証拠調べが行われます。証拠調べは裁判官の面前で行われますが、どんな証拠を提出するかは当事者の自由です。

証拠調べを経て、争いがある事実につき原告・被告のいずれの主張が正しいのかを裁判官が認定し、訴状で請求する内容の当否について裁判所が判断できるようになると、口頭弁論は終結します。

その後、裁判所は、あらかじめ指定した期日に当事者を呼び出し、判決を言い渡します。判決は、原告の請求に対する裁判所の最終的な判断です。原告の請求が正しいと判断したときは請求認容（原告の訴えが正当と認める）になるのに対し、原告の請求が正しくないと判断したときは請求棄却（訴えは受け付けるが原告の訴えが正当ではないとする）になります。判決によって第一審の手続きが終了します。

● 訴訟上の和解をすることもある

訴訟上の和解は、原告と被告が訴訟手続きの進行中に、口頭弁論期日において、裁判所（裁判官）の面前で、お互いに譲歩して訴訟を終わらせる意思を述べると成立します。和解に応じるか否かは、当事者が時間的・経済的負担を考慮して判断すべきです。訴訟上の和解が成立すると訴訟手続きは終了します。和解の内容が記載された和解調書については、確定判決と同様の効力が生じます。

● 少額訴訟は回数制限のある迅速な手続き

　民事訴訟の手続きは時間と費用がかかるといわれています。こうした状況を改善し、裁判制度の利用の幅を広げるために導入されているのが少額訴訟です。少額訴訟で扱われるのは、60万円以下の金銭支払いの請求（滞納賃料の支払請求など）に限られます。建物の明渡しを求める訴えなど場合には、少額訴訟の手続きを利用できません。

　少額訴訟では、原則1回の期日（口頭弁論期日）で双方の言い分を聞いたり、証拠を調べて、直ちに判決が言い渡されます。ただし、特別な事情がある場合には、1回の期日で終わらず、2回目以降の期日が設定される場合があります。たとえば、重要な証人が病気などで出頭できなくなった場合が挙げられます。

　通常の民事訴訟では、判決の内容に不服がある者は、上級裁判所に上訴（控訴・上告）ができます。しかし、少額訴訟では、判決の内容に不服があっても上訴ができず、判決をした簡易裁判所に異議を申し立てるしくみになっています。被告としては、通常の民事訴訟での審理を希望する場合、最初の期日で自らの言い分を主張する前に、通常の訴訟手続で審理するよう裁判所に求めることが必要です。この求めがあったときは、通常の民事訴訟に移行します。

■ 民事訴訟のしくみ

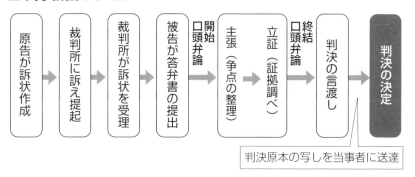

書式 4　敷金の返還請求の少額訴訟訴状

訴　　　状

事件名　**敷金返還**　請求事件

☑少額訴訟による審理及び裁判を求めます。本年，この裁判所において少額訴訟による審理及び裁判を求めるのは　**1**　回目です。

　　　　　　　　　　○○簡易裁判所　御中　　　平成○○年○月○日

原告（申立人）

〒000－0000
住　所（所在地）　東京都○○区○○町○丁目○番○号
氏　名（会社名・代表者名）
　　　　　○○○○　　　　　　　　　　　　　　　印
TEL 00－0000－0000　FAX 00－0000－0000

送達場所等の届出

原告（申立人）に対する書類の送達は，次の場所に宛てて行ってください。
☑上記住所等
□勤務先　名　称
　　　　　〒
　　　　　住　所
　　　　　　　　　TEL　　－　　－
□その他の場所（原告等との関係　　　　　　　　　　　）
　　　　　〒
　　　　　住　所
　　　　　　　　　TEL　　－　　－

□原告（申立人）に対する書類の送達は，次の人に宛てて行ってください。
氏　名

被告（相手方）1

〒000－0000
住　所（所在地）　東京都○○区○○町○丁目○番○号
氏　名（会社名・代表者名）
　　　　　○○○○
TEL 00－0000－0000　FAX 00－0000－0000

勤務先の名称及び住所
　　　　　　　　　　TEL　　－　　－

被告（相手方）2

〒
住　所（所在地）
氏　名（会社名・代表者名）

TEL　　－　　－　　　FAX

勤務先の名称及び住所
　　　　　　　　　　TEL　　－　　－

訴訟物の価額	200,000 円	取扱者
貼用印紙額	2,000 円	
予納郵便切手	円	
貼用印紙	裏面貼付のとおり	

一般

請求の趣旨	1　被告は、原告に対して、次の金員を支払え。 　　金　　　　　　２００，０００　円 　　☐上記金額　☐上記金額の内金　　　　　　　　　円に対する 　　　　平成　　年　　月　　日から平成　　年　　月　　日まで 　　　　　年　　　％　の割合による金員 　　☐上記金額　☐上記金額の内金　　　　　　　　　円に対する 　　　　平成　　年　　月　　日から支払済みまで 　　　　　年　　　％　の割合による金員 　　☑上記金額に対する　{☐平成　　年　　月　　日 / ☑訴状送達の日の翌日} から支払済みまで 　　　　　年　○　％　の割合による金員 2　訴訟費用は、被告の負担とする。 との判決(☐及☑び仮執行の宣言)を求めます。
紛争の要点（請求の原因）	1　原告は、平成○○年○月○日大家である被告との間で、次のとおり建物賃貸借契約を締結した。 　(1) 賃貸借物件　東京都○○区○○町○丁目○番○号（一戸建て） 　(2) 賃貸借期間　平成○○年○月○日から平成○○年○月○日まで 　(3) 賃　　　料　月額１００，０００円 　(4) 敷　　　金　金２００，０００円（月額賃料の2か月分） 　(5) 敷金返還の定め　契約終了により原告が本件建物を明け渡した場合には、被告は原告に対し敷金を返還する。ただし、本件建物を原状に復するために要する費用を控除することができる。 2　原告は上記賃貸借契約終了により、本件建物を被告に明け渡した。しかし、本件建物の使用については通常の使用範囲であったにも拘わらず、被告は敷金を返還しない。被告の主張は原状回復ではなく、新たな賃借人に内装をほぼ新築状態で提供するために、本来被告が賃貸人として負担すべき資金（投資）を旧賃借人である原告に不当に負担させようとするものである。 3　よって、原告は被告に対し、敷金２００，０００円及びこれに係る遅延損害金を上記のとおり請求するものである。
添付書類	☑賃貸借契約書　　　　☑入退去時の写真　　　　☑敷金預り証 ☑鍵受領書

アドバイス

本書式は、借家人が家主に差し入れていた敷金20万円と、敷金返還の延滞に対する遅延損害金の支払いを求める訴状です。したがって、訴状の事件名欄には「敷金返還請求事件」と記載します。訴えを提起する場合に裁判所に納付する手数料は請求金額によって異なります。本事例では請求額が20万円なので、2,000円分の収入印紙を訴状に貼付して納付します。

6 勝ち取った判決を実行に移すのが強制執行

国家機関が、権利者の権利内容を強制的に実現する手続き

● 強制執行とは

　せっかく苦労して勝訴判決を手に入れても、それだけでは権利の実現として完全ではありません。多くの被告は、原告勝訴の判決に従って判決内容を実現しますが、判決をまったく意に介さずに無視する被告もいます。その場合には、強制執行をしなければなりません。

　強制執行は、国家機関（執行機関）が、権利者の権利内容を強制的に実現する手続きです。たとえば、滞納家賃の支払請求訴訟に勝訴した原告が強制執行する場合は、確定した勝訴判決（確定判決）に基づいて、裁判所や執行官などの執行機関が、被告の財産を差し押さえ、競売にかけてお金に換え、そのお金を原告に渡してくれます。

　強制執行をするためには、その根拠となる「債務名義」と呼ばれる

■ 主な債務名義

債務名義になるもの	備考
確定判決	原告勝訴が確定していなければならない
仮執行宣言付きの判決	確定していないが一応執行してよいもの
仮執行宣言付支払督促	仮執行宣言を申し立てる
執行証書	金銭支払いのみ強制執行が可能
仲裁判断＋執行決定	執行決定を求めれば執行できる
和解調書	「〇〇円払う」といった合意内容について執行可能
認諾調書	請求の認諾についての調書
調停調書	「〇〇円払う」といった合意内容について執行可能

文書を手に入れる必要があります。債務名義とは、強制執行の基礎になる文書をいいます。債務名義としては、確定判決が代表的ですが、それ以外も、執行証書（執行受諾文言付公正証書）、調停調書、和解調書、仮執行宣言付支払督促などがあります。賃料の支払いなど金銭の支払いを命じる確定判決を、債務名義として強制執行することは可能です。一方、特定の行動を命じる確定判決を、債務名義として強制執行することはできません。

そして、強制執行をする段階で、債務名義の末尾に「強制執行をしてもよろしい」という執行文を付与してもらいます。さらに、債務者にあてて債務名義の趣旨（判決正本、公正証書謄本など）を送達しており、債務者が確かに受けとっているという送達証明書を手に入れておくことも必要です。

● 地方裁判所に申し立てる

執行機関とは、強制執行を職務とする国家機関のことで、通常は地方裁判所または執行官（地方裁判所に所属する執行事務を行う国家公務員）です。被告のどのような財産に強制執行するかは、基本的に原告の自由です。被告が不動産をもっていれば不動産を、そうでなければ家財道具などの動産や、給与・預金などの債権を対象にします。

■ 強制執行の手続き

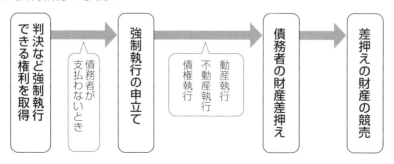

7 借地非訟で解決できるトラブルは何か

建物の増改築許可の申立てなど、一定の紛争に限られる

● 訴訟とは異なる緩やかな手続き

　借地に関するトラブルについては、借地非訟という特別な手続きが用意されています。非訟とは、民事上の紛争について、訴訟によらない緩やかな手続きで処理できるように設けられた制度です。通常の民事訴訟のように、当事者が対立する構造をとるのではなく、国家(裁判所)が間に入り、紛争解決をサポートします。

　借地非訟の手続きは、当事者からの申立てによる他、裁判所の職権によっても開始されます。審理は公開されず、裁判所の判断も判決ではなく、決定という形がとられます。

　もっとも、借地非訟の手続きは、借地に関する紛争のすべてに利用できるわけではなく、借地契約の解除や賃料の増減をめぐる紛争などには利用できません。利用できる紛争は以下のとおりです。

① 建物の種類・構造などに関する借地条件の変更の申立て
② 建物の増改築(増築・改築)許可の申立て
③ 土地賃借権譲渡・土地転貸許可の申立て
④ 競売または公売に伴う土地賃借権譲受の許可の申立て
⑤ 賃貸人(土地所有者)自らの建物譲受の申立て
⑥ 更新後の建物の再築許可の申立て

　借地権を設定する際には、建物の種類や構造・規模・用途などについて細かい条件(借地条件)があるのが一般的です。①は、法令の変更その他事情の変更により、借地条件を変更するのが相当と認められ

るにもかかわらず、当事者の協議が調わない場合に利用できます。

②は、借地契約において、増改築について禁止または地主の承諾を必要とする特約がある場合に、借地人が行おうとする増改築が、その借地の通常の利用方法からして許されてよいにもかかわらず、地主が承諾しない場合に利用できます。

③は、借主が借地上の建物の譲渡に伴って借地権譲渡や土地転貸をしたい場合に、それらを行っても地主に不利益を与えないにもかかわらず、地主が承諾を拒否しているときに利用できます。

いずれの場合も、裁判所は、申立てを相当と認めたときに、地主の承諾に代わる許可の裁判をします（代諾許可）。

● 手続きはどのように進行するのか

借地非訟の申立ては、原則として、借地権の目的である土地の所在地を管轄する地方裁判所に申立書を提出します。申立てが受理されると、地代の推移や契約期間などについての意見を上申書にまとめて提出します。これに対し、申立てを受けた相手方は、答弁書を作成し、その中で申立ての却下を求めることになります。手続きがさらに進行すれば、借地人と地主（当事者）は、それぞれ訴訟と同様に証拠や参考資料を提出しなければなりません。

裁判所は、当事者の主張を整理・検討しつつ、さらに鑑定委員会（不動産価格の算定や借地関係について専門的知識をもつ弁護士や不動産鑑定士などで構成される）の意見を聴いた上で、最終的な紛争解決のための基準を作っていきます。鑑定委員の意見書を参考にしながら、場合によっては和解を促したり、民事調停に移すなどの処置をとります。しかし、これらの手続きをとることが難しい場合は、最終的な判断を示します。たとえば、借主が借地条件の変更を求めている場合であれば、それを認めるのかどうか、認める場合には、借主の求めたとおりに認めるのか、一定の条件を課するのかなどを定めるわけです。

書式 5 借地非訟申立書

建物の構造等に関する
借地条件変更申立書
（借地借家法１７条１項）

東京地方裁判所　□立川支部　御中

平成○○年　4 月　1 日

　　申　立　人
　　☑　本　　　　人
　　□　代　表　者　　　　　甲野　一郎　㊞
　　□　代理人弁護士

　借地権の目的の土地の価額
　　　　　　　　　　○○○○ 円
（土地についての軽減措置により借地部分の固定資産評価額の２分の１，数筆あるときは合計額）
　　　　　　貼用印紙　　○○○○ 円
　　　　　　予納郵券　　○○○○ 円
　（相手方１名の場合４，３８０円，相手方が１名増えるごとに１，０００円追加）

　附属書類
　　　　□　申立書副本　　　　　　　　　　　　　通
　　　　□　委任状（弁護士が代理人となるとき）　通
　　　　□　資格証明書（法人が当事者であるとき）通
　　　　□　土地固定資産評価証明書　　　　　　　通
　　　　□　建物固定資産評価証明書　　　　　　　通
　　　　□　現場の住宅地図　　　　　　　　　　　通
　　　　□　戸籍謄本等（登記上の土地又は建物所有者に相続が発生したとき）
　　　　　　　　　　　　　　　　　　　　　　　一式

［印紙］

第1 当事者
　　別紙当事者目録記載のとおり

第2 申立ての趣旨
　　☑「当事者間の別紙土地目録記載の土地についての借地契約を，堅固な建物の所有を目的とするものに変更する。」
　　□「当事者間の別紙土地目録記載の土地についての借地契約を，次のとおり変更する。」
　　1 建物の種類
　　　　□ 居宅　□ 店舗　□ 共同住宅　□ 事務所　□ 工場
　　　　□ 倉庫　□ その他（　　　　　　）
　　2 建物の構造
　　　　□ 鉄骨造　□ 鉄筋コンクリート造　□ 鉄筋鉄骨コンクリート造
　　　　□ 軽量鉄骨造　□ その他（　　　　　　　）
　　3 建物の規模
　　　　□ 床面積（　　　）平方メートル
　　　　□ 階数　（　　　）階
　　　　□ 高さ　（　　　）メートル
　　　　□ その他（　　　　　　）
　　4 建物の用途
　　　　□ 賃貸用　□ 事業用　□ その他（　　　　　　　　　）
との裁判を求める。

第3 借地契約の内容等
　　1 契約当事者
　　(1) 現在の当事者
　　　　　賃貸人又は土地所有者　　甲野　一郎
　　　　　賃借人又は地上権者　　　乙山　二郎
　　(2) 契約当初の当事者
　　　　□ 現在の当事者と同じ。
　　　　☑ 現在の当事者と異なる。
　　　　　　賃貸人又は土地所有者
　　　　　　賃借人又は地上権者

　　2 最初に契約を締結した日　　昭和・㊣成◯◯年　3月　31日
　　　　　　　　　　　　　　　　（☑契約書は甲第　1 号証　□当初の契約書はない）

3 借地権の目的となる土地
　別紙土地目録記載のとおり（土地全部事項証明書は甲第 2 号証）

4 契約の種類
　☑ 賃貸借契約
　　☑ 普通借地権
　　☐ 一般定期借地権（借地借家法22条）
　　☐ 事業用定期借地権（借地借家法23条）
　　☐ 建物譲渡特約付借地権（借地借家法24条）
　☐ 地上権設定契約

5 存続期間
　(1) 最初に契約を締結したときの約定
　　　☐ なし
　　　☑ あり　昭和・㊪成○○年　3月 31日まで又は契約締結後　　年間
　(2) 契約更新
　　　☑ なし
　　　☐ あり
　　　　更新日　ア　昭和・平成　　年　　月　　日
　　　　　　　　　　法定更新 ・ 合意更新（契約書は☐甲第　　号証 ☐なし）
　　　　　　　　　　昭和・平成　　年　　月　　日まで又は更新後　　年間
　　　　　　　　イ　昭和・平成　　年　　月　　日
　　　　　　　　　　法定更新 ・ 合意更新（契約書は☐甲第　　号証 ☐なし）
　　　　　　　　　　昭和・平成　　年　　月　　日まで又は更新後　　年間
　　　　　　　　ウ　昭和・平成　　年　　月　　日
　　　　　　　　　　法定更新 ・ 合意更新（契約書は☐甲第　　号証 ☐なし）
　　　　　　　　　　昭和・平成　　年　　月　　日まで又は更新後　　年間
　　　　　　　　エ　昭和・平成　　年　　月　　日
　　　　　　　　　　法定更新 ・ 合意更新（契約書は☐甲第　　号証 ☐なし）
　　　　　　　　　　昭和・平成　　年　　月　　日まで又は更新後　　年間
　(3) 残存期間　　平成○○年　3月 31日まで（あと ○ 年　　か月）

6 変更を求める現在の借地条件
　☑ 木造その他堅固でない建物の所有目的・非堅固建物所有目的・普通建物所有目的
　□ 木造建物所有目的
　□ 借地上の建物に関するその他の制限
　　(1)　建物の種類

　　(2)　建物の構造

　　(3)　建物の規模（床面積，階数，高さ等）

　　(4)　建物の用途

7 増改築制限特約
　☑ ない
　□ ある
　　□ 一切の増改築禁止
　　□ 増改築については相手方の承諾を必要とする
　　□ その他（　　　　　　　　　　　　　　　　　）

8 現存する建物
　(1) 別紙建物目録記載のとおり（建物全部事項証明書は甲第 3 号証）
　(2) 使用状況
　　☑ 自己使用
　　□ 賃貸
　　□ その他（　　　　　　　）

9 地代
　(1) 現在の地代
　　　昭和・㊒㊑ ○○年 4 月 1 日以降1か月　　120,000 円
　　　　　　　　　　　　　　（☑1坪□1㎡当たり　2,400 円）

　(2) 地代の推移

　(3) 相手方からの増額請求
　　　☑　なし
　　　□　あり　請求の日　昭和・平成　　年　　月　　日
　　　　　　　　内　　容　昭和・平成　　年　　月　　日以降
　　　　　　　　　　　　1か月　　　　　　　　円
　　　　　　　　　　（□1坪□1㎡当たり　　　　円）

10　敷金・更新料その他の金銭の支払状況
　　　平成○○年4月1日　敷金として360,000円を交付。

第4　申立ての理由（借地条件の変更を相当とする理由）
　1　法令による土地利用の規制の変更
　　(1) 防火・準防火地域の指定
　　　　　指定の日　昭和・㊒㊑ ○○年 5 月 1 日
　　　　　種　　類　☑　防火地域　　□　準防火地域
　　(2) 用途地域の指定・変更
　　　　　指定・変更の日　昭和・㊒㊑ ○○年 5 月 1 日
　　　　　種　　類　　**第1種住居** 地域
　　(3) その他の規制の指定・変更
　　　　　指定・変更の日　昭和・平成　　年　　月　　日
　　　　　種　　類

2 付近の土地利用の状況の変化
 (1) 最初に契約を締結した当時の状況
　　　住居は木造平家建が多く、農地も散在している。

 (2) 現在の状況
　　（最初に契約を締結した当時との変化が分かる程度に具体的に記載してください。）
　　　老朽化した住居の堅固建物への建替えが進み、
　　　農地跡に集合住宅の建築が行われている。

3 借地条件の変更を必要とするその他の事情の変更
　　　長男が結婚したため、2世帯住宅が必要となった。

4 借地条件変更後の建物建築計画
 (1) 建築計画
　　☑ あり
　　☐ なし
 (2) 予定建物の具体的内容　　別紙予定建物目録記載のとおり

第5 当事者間の協議の概要
 1 申立人の申入れの内容
　　　申立人より相手方に対し、建替えを予定している建物の図面を
　　　用意し、平成○○年○月より、交渉を申し入れていた。

 2 相手方の対応
　　　交渉には応じてくれるが、条件について折り合いがつかない。

第6 付随処分に関する意見・希望
 1 相手方に支払う財産上の給付
  (1) 金　　額　　　　500,000 円
  (2) 算定根拠
   近傍類似の土地の条件変更にあたって、交付される更新料の平均値である。

 2 地代
  ☑ 現状のままがよい。
  □ 変更後の地代が1か月　　　　　円となる増額までは認める。
   （□1坪□1㎡当たり　　　　円）

 3 借地権の存続期間の定め
  □ 特に変更しなくてよい。
  ☑ 平成○○年 3 月 31 日まで延長
  □ 許可の裁判確定の日から　　年間に延長

 4 その他
   交渉の進展によっては、長男甲野太郎名義で契約を更改することを希望する。

第7 過去における借地非訟事件・賃料増減額請求事件の状況
 1 申立て前5年以内に、同一の借地を目的とする借地非訟事件が
  ☑ 存在しない。
  □ 存在する。
   事件番号　平成　　年（借チ）第　　　号　　　　事件
   鑑定委員会の意見書　□　あり（甲第　　号証）　□　なし
   事件番号　平成　　年（借チ）第　　　号　　　　事件
   鑑定委員会の意見書　□　あり（甲第　　号証）　□　なし

 2 申立て前5年以内に、同一の借地を目的とする賃料増減額請求事件が
  ☑ 存在しない。
  □ 存在する。
   事件番号　平成　　年（　）第　　　号　　　　事件
   鑑定人の鑑定書　□　あり（甲第　　号証）　□　なし
   事件番号　平成　　年（　）第　　　号　　　　事件
   鑑定人の鑑定書　☑　あり（甲第 4 号証）　□　なし

```
　　　　　　　　当 事 者 目 録

〒○○○-○○○○　東京都○○区××長○丁目○番○号
　　　　　　申　立　人　　甲野　一郎
　　　　　　代　表　者
　　　　　　（法人の場合）
〒
　　　　　　代理人弁護士

　　　送達場所　☑　申立人の肩書住所　　TEL ○○-○○○○-○○○○
　　　　　　　　　　　　　　　　　　　　FAX ○○-○○○○-○○○○
　　　　　　　　□　代理人の肩書住所　　TEL ○○-○○○○-○○○○
　　　　　　　　　　　　　　　　　　　　FAX ○○-○○○○-○○○○

〒○○○-○○○○　東京都○○区△△町○丁目○番○号
　　　　　　相　手　方　　乙山　二郎
```

```
　　　　　　　　土　地　目　録

所　　在　　東京都○○区××町○丁目
地　　番　　○番
地　　目　　宅地
地　　積　　565.00㎡

上記土地のうち
☑　全部　　契約面積　　565.00㎡
　　　　　　実測面積　　565.00㎡

□　一部　　契約面積
　　　　　　実測面積

共有の場合，持分は以下のとおり


※　土地の住居表示（郵便物の届く住所）
　　東京都　○○区　××町　○丁目　○番　○号
```

　　　　　　　　建　物　目　録

　　所　　在　　東京都○○区××町○丁目○番地

　　家屋番号　　○番○

　　種　　類　　居宅

　　構　　造　　木造瓦葺平家建

　　床 面 積　　95.00㎡

　　（現況が異なる場合はその内容）

　　共有の場合，持分は以下のとおり

　　　　　　　　予　定　建　物　目　録

新たに築造する建物の概要

　　種　　類　　居宅

　　構　　造　　鉄筋コンクリート2階建

　　床 面 積　　120.00㎡

　　用　　途　　住居用

アドバイス

①申立書には、当事者の表示、申立ての趣旨と理由、借地権の目的である土地（借地）、借地契約の内容などを記載します。申立費用は、手数料の他に、当事者の呼出費用として郵券（切手）を予納します。具体的には、借地の固定資産評価額（固定資産評価証明書に記載された評価額）の２分の１にあたる額を納める必要があります。

②申立てに必要な主な書類は、申立書と固定資産評価証明書です。申立書について、正本は裁判所に提出する１通分必要です。副本は相手方の人数分用意します。その他、法人が当事者である場合は資格証明書（原本）、弁護士が代理人になる場合は委任状の提出が必要です。

さらに、借地についての土地固定資産評価証明書（原本）、借地上の建物についての建物固定資産評価証明書（原本）の提出も求められます。なお、登記上の土地または建物の所有者が死亡して相続が発生している場合は、被相続人（登記名義人）の出生から死亡までの戸籍謄本すべてと相続人の現在の戸籍謄本が必要になります。

■ 借地非訟の手続き

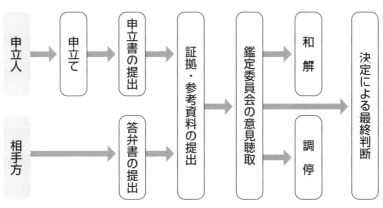

8 不動産の明渡しトラブルを解決するには

占有者の状況によって対応のしかたも変わってくる

● 不動産の明渡しをめぐるトラブル

　不動産に関するトラブルとして多いのは、不動産の占有をめぐる争いです。権原（所有権、賃借権、地上権などの不動産を占有する法律上の根拠のこと）のない者であっても、ひとたび不動産に居座り続けられると、それを基礎として、さまざまな関係の広がりをもつことになります。それだけに占有をめぐる問題は難しいといえます。

　占有をめぐる問題は、占有権原の有無に応じて大きく2つの類型に分けられます。そして、権原のある占有に関しては、権原を基礎づける法律関係の違いに応じて、さらに2種類に分けられます。

【権原のある者による占有の場合】

① **賃貸借型**

　賃料不払いや期間満了により賃貸借契約が終了した場合には、賃貸人は、賃借人に対し、賃貸していた土地や建物の明渡しを求めることになります。この場合、賃貸人による明渡請求に根拠があるのかが問われます。明渡しを請求する前提となる契約解除や更新拒絶が、そもそも有効なのかが争われることになるわけです。

　たとえば、賃料滞納、用法違反、無断譲渡・無断転貸といった借主側の契約違反（債務不履行）を理由に、貸主側が契約解除を行い、不動産の明渡請求をしたとします。この場合、当事者間の信頼を破壊していなければ賃貸借契約の解除が認められないという「信頼関係破壊の法理」の適用について大きく対立します。訴訟に発展すると、最終的な解決に至るまで多くの日数を要することになりかねません。

　また、一時使用目的の賃貸借契約である場合や、定期借地契約または

は定期借家契約である場合は、成立要件を満たしているかが争われることがあります。もし満たしていないと判断されれば、通常の借地契約・借家契約と扱われ、上記の契約を結んだ効果が半減します。

② **使用貸借型**

使用貸借契約は、借主が賃料を支払わない（タダで借りる）という特徴があり、不動産の明渡請求が問題になった場合、その解決に多くの時間がかかる場合が少なくありません。たとえば、親族同士の間で家屋の使用貸借契約が結ばれていることがありますが、借主が死亡すると使用貸借契約は終了します（民法599条）。貸主としては、借主の相続人に対し、家屋の明渡しを請求することになりますが、立ち退きに応じてくれず、解決が困難になることがあります。

また、借主が貸主に対し賃料に至らない程度の金銭を支払っている場合もあります（固定資産税の金額と同程度の金額を支払っている場合など）。この場合、不動産の使用収益の対価にはあたらないと評価される以上は、使用貸借契約と判断されますが、賃貸借契約との区別が困難であるため、結ばれている契約が賃貸借契約であるのか、使用貸借契約であるのかという見極めを慎重に行う必要があります。

【権原のない者による占有の場合】

契約関係にない単なる不法占拠者に明渡しを求めることは比較的簡単です。不動産の所有者は、自分に所有権という権原があることを証明すればよいからです。しかし、不法占拠者が明渡しに応じるとは限らず、明渡訴訟の提起や、強制執行（明渡執行）の手続きが必要になる場合もあります。

◉ 明渡手続きを行う際にしておくこと

借地契約または借家契約を結んでいる場合に、貸主側が期間満了に基づく明渡しを求めようとする場合は、更新拒絶の通知を確実に行う必要があります。更新拒絶の意思を伝えなければ、原則として契約が

更新されるからです。

　さらに、借地契約や借家契約において、期間満了に基づく明渡しを請求する場合は、貸主側に「正当事由」が認められなければならないことにも注意を要します。正当事由を認めてもらうには、とくに立退料の支払いが重要な要素になるため、更新拒絶をしてから立退料の金額について交渉をするのでは、明渡しの手続きをスムーズに進めることができません。後に争いになる場合に備えて、正式な更新拒絶をする前から立退料の準備を行い、借主側と交渉するのがよいでしょう。

　また、借主に用法違反や賃料滞納などがある場合も、契約解除をして明渡請求を行うことが可能です。しかし、直ちに契約解除ができるわけではなく、違反行為の停止要求や支払督促など、貸主として可能な限りの対策をとり、なお改善されないために契約解除を行う、という手続きを踏む必要があります。それに加えて、前述した信頼関係破壊の法理にも留意しなければなりません。

　しかし、貸主側による不動産の明渡請求が認められれば、それですむわけではありません。明渡しの手続きを踏まなければならないからです。たとえば、貸主の借主に対する建物明渡請求が認められたとします。この場合、貸主は、実力で借主を排除して建物を取り返すことはできません（自力救済の禁止）。借主が任意に返還しないときは、建物の明渡執行（執行官が強制的に建物の明渡しを行う強制執行）の手続きを申し立てなければなりません。なお、建物明渡しを求める訴訟を提起する前に、民事調停のひとつである建物明渡調停を利用することも可能です。この調停が成立し、調停調書が作成されれば、その調停調書に基づいて明渡執行を行うことができます。

　また、借主には明渡しの際に目的物を原状に戻してから返還すべき義務（原状回復義務）がありますので、それが行われない場合には、貸主側で原状回復を行い、その費用を損害賠償として借主に請求することになります。

書式 6　建物明渡調停申立書

裁判所用		
調停事項の価額	5,000,000円	印紙欄 （割印はしないでください）
ちょう用印紙	15,000円	
予納郵便切手	2,500円	

宅　地　建　物
受　付　印

（建物明渡し－賃料不払等による契約解除の場合）

調　停　申　立　書

東　京　簡易裁判所　御中

作成年月日	平成　○　年　○　月　○　日
申　立　人	住所（所在地）（〒 000-0000 ） 東京都○○区××町○丁目○番○号 氏名（会社名・代表者名） ○○○○　　　　　　　　　　　印 T E L　00－0000－0000　F A X　－　－ 送達場所等の届出 申立人に対する書類の送達は，次の場所に宛てて行ってください。 ☑ 上記住所等 □ 勤務先　名称 　　　〒 　　　住所 　　　　　　　　T E L　－　－ □ その他の場所（申立人との関係　　　　　） 　　　〒 　　　住所 　　　　　　　　T E L　－　－ □ 申立人に対する書類の送達は，次の人に宛てて行ってください。 　　氏　名
相　手　方	住所（所在地）（〒 000-0000 ） 東京都○○区△△町×丁目×番×号 氏名（会社名・代表者名） ○○○○ T E L　00－0000－0000　　F A X　－　－
申立ての趣旨	相手方は，申立人に対して，（該当する番号に○を付けてください。） ① 別紙物件目録記載の建物 ~~部屋~~ を明け渡すこと ② 平成　○　年　○　月　○　日から前記明渡しまで 　　1か月金　　　80,000　　円の割合による金員を支払うこと
紛争の要点	後記記載のとおり

上記のとおり調停を求めます。

裁判所用

紛争の要点（下記のとおり）

1　賃貸借契約の内容
　(1)　賃貸日　　平成〇〇年　〇月　〇日
　(2)　期　間　　5年
　(3)　賃　料　　平成〇〇年　〇月から1か月金　80,000　円
　　　　　　　　　毎月　末　日限り　翌　月分を支払う。
　(4)　特　約　　賃料を3か月以上滞納した場合、催告の上、契約を解除する。

2　建物の所有者の氏名　　申立人

3　明渡しを求める理由
　(1)　契約解除の日　　平成〇〇年　〇月　〇日
　(2)　契約解除の理由
　　㋑　賃料不払（平成〇〇年　〇月　〇日分から　〇か月分）
　　ロ　無断譲渡・転貸
　　ハ　無断増改築
　　ニ　その他
　　　　内容証明郵便によって被告に延滞賃料の支払を催告したが、被告は一向に支払うことなく、何ら誠意ある返答がない。

4　その他の紛争の要点

添付書類
　固定資産課税台帳登録証明書　　　1通
　建物登記簿謄本（登記事項証明書）　1通
　建物賃貸借契約書写し　　　　　　1通
　内容証明郵便写し　　　　　　　　1通

(別紙)

裁 判 所 用

物 件 目 録

所　　在　東京都○○区△△町×丁目×番×号
家屋番号　△△町×丁目○番地○
種　　類　居宅
構　　造　鉄筋コンクリート造　　陸屋根　5階建
床 面 積　1～2階　　　　　100平方メートル
　　　　　3～5階　　　　　 80平方メートル

前記建物のうち　1階　101号室
　床面積　　　　　　　40平方メートル

〔略　図〕

建物の一部又は部屋の明渡しを請求する
場合は、その明渡しを請求する部分がわ
かるように簡単な図面を記入する。

アドバイス　建物明渡しを求める場合、訴訟の前に建物明渡調停の利用を検討します。調停申立書には、明渡しを求める理由などを記載します。建物の固定資産評価額の2分の1（本例の場合は500万円）に対応する申立手数料（本例の場合は1万5000円）がかかります。

Column

協議による時効完成猶予

　貸主は、借主に対し、賃料支払請求権という債権を持っています。しかし、債権は一定期間にわたり行使しないと消滅します。これを消滅時効といいます。具体的には、①貸主が賃料の支払いを請求できることを知った時点から5年間、または、②貸主が賃料の支払いを請求できる時点から10年間、賃料の支払いを請求しないと、それ以後、貸主は、借主に対し、賃料の支払いを請求できなくなります。

　一方、賃料支払請求権に関する消滅時効の完成を止める方法があります。それが、時効の完成猶予と時効の更新です。時効の完成猶予とは、貸主などの債権者が、一定の行為などをすることによって、一定期間にわたり時効の完成を妨げることをいいます。これに対し、時効の更新とは、一定の事実などが存在する場合に、それまで進行していた時効がゼロに戻って、その時点から新たな時効の進行が開始する場合をいいます。

　時効の完成猶予を確実に発生させるには、債権者は、訴訟の提起による請求が必要です（これによって訴訟係属中は時効が完成しなくなります）。しかし、裁判手続きは容易ではないことから、2017年成立の改正民法により、訴訟手続きよりも簡易な方法である「協議による時効完成猶予」が認められました。

　協議による時効完成猶予は、当事者が、時効完成を猶予するという内容の協議を行った場合、一定期間、対象債権の時効の完成が猶予される制度です。協議による時効完成猶予を発生させるには、当事者が書面で合意しなければなりません。時効完成が猶予される期間は、原則として、合意から1年間です。この猶予期間中に、時効完成について再び猶予するとの合意に達した場合は、5年を超えることはできませんが、時効完成猶予期間が延長されます。したがって、賃料支払請求権（賃料債権）について、協議による時効完成猶予の方法により、貸主が時効完成を妨げるには、借主と協議して合意に達し、その合意内容を書面化する必要があります。

資料　賃貸トラブルガイドラインによる貸主・借主の負担区分

部位	項目	説明	負担区分	理由
床	畳	畳の裏返し、表替え（特に破損等していないが、次の入居者確保のために行うもの）	貸主	入居者入れ替わりによる物件の維持管理上の問題であり、貸主の負担とすることが妥当と考えられる。
床	畳	畳の変色（日照・建物構造欠陥による雨漏りなどで発生したもの）	貸主	日照は通常の生活で避けられないものであり、また、構造上の欠陥は、借主には責任はないと考えられる。（借主が通知義務を怠った場合を除く）
床	フローリング	フローリングのワックスがけ	貸主	ワックスがけは通常の生活において必ず行うとまでは言い切れず、物件の維持管理の意味合いが強いことから、貸主負担とすることが妥当と考えられる。
床	フローリング	フローリングの色落ち（日照・建物構造欠陥による雨漏りなどで発生したもの）	貸主	日照は通常の生活で避けられないものであり、また、構造上の欠陥は、借主には責任はないと考えられる。（借主が通知義務を怠った場合を除く）
床	フローリング	フローリングの色落ち（借主の不注意で雨が吹き込んだことなどによるもの）	借主	借主の善管注意義務違反に該当する場合が多いと考えられる。
床	フローリング	キャスター付きのイス等によるフローリングのキズ、へこみ	借主	キャスターの転がりによるキズ等の発生は通常予測されることで、借主としてはその使用にあたって十分な注意を払う必要があり、発生させた場合は借主の善管注意義務違反に該当する場合が多いと考えられる。
床	カーペット、その他	家具の設置による床、カーペットのへこみ、設置跡	貸主	家具保有数が多いという我が国の実状に鑑み、その設置は必然的なものであり、設置したことだけによるへこみ、跡は通常の使用による損耗ととらえるのが妥当と考えられる。
床	カーペット、その他	カーペットに飲み物等をこぼしたことによるシミ、カビ	借主	飲み物等をこぼすこと自体は通常の生活の範囲と考えられるが、その後の手入れ不足等で生じたシミ・カビの除去は、借主の負担により実施するのが妥当と考えられる。
床	カーペット、その他	冷蔵庫下のサビ跡（畳・フローリングも同様）	借主	冷蔵庫に発生したサビが床に付着しても、拭き掃除で除去できる程度であれば、通常の生活の範囲と考えられるが、そのサビを放置し、床に汚損等の損害を与えることは、借主の善管注意義務違反に該当する場合が多いと考えられる。
床	カーペット、その他	引越作業で生じたひっかきキズ（畳・フローリングも同様）	借主	借主の善管注意義務違反または過失に該当する場合が多いと考えられる。
壁・天井	壁・クロス	テレビ、冷蔵庫等の後部壁面の黒ずみ（いわゆる電気ヤケ）	貸主	テレビ、冷蔵庫は通常一般的な生活をしていくうえで必需品であり、その使用による電気ヤケは通常の使用ととらえるのが妥当と考えられる。

部位	項目	説 明	負担区分	理 由
壁・天井	壁・クロス	エアコン（借主所有）設置による壁のビス穴、跡	貸主	エアコンについても、テレビ等と同様一般的な生活をしていくうえで必需品になってきており、その設置によって生じたビス穴等は通常の損耗と考えられる。
		クロスの変色（日照などの自然現象によるもの）	貸主	畳等の変色と同様、日照は通常の生活で避けられないものであると考えられる。
		壁に貼ったポスターや絵画の跡	貸主	壁にポスター等を貼ることによって生じるクロス等の変色は、主に日照などの自然現象によるもので、通常の生活による損耗の範囲であると考えられる。
		壁等の画鋲、ピン等の穴（下地ボードの張替えは不要な程度のもの）	貸主	ポスターやカレンダー等の掲示は、通常の生活において行われる範疇のものであり、そのために使用した画鋲、ピン等の穴は、通常の損耗と考えられる。
		壁等のくぎ穴、ネジ穴（重量物を掛けるためにあけたもので、下地ボードの張替えが必要な程度のもの）	借主	重量物の掲示等のためのくぎ、ネジ穴は、画鋲等のものに比べて深く、範囲も広いため、通常の使用による損耗を超えると判断されることが多いと考えられる。
		タバコのヤニ	貸主	喫煙自体が用法違反、善管注意義務違反に当たらない場合、クロスがヤニで変色したり臭いが付着しているとまではいえない程度の汚れについては、通常の消耗の範囲であると考えられる。
			借主	該当居室全体においてクロス等がヤニで変色したり、臭いが付着した等の場合、通常の使用による汚損を超えると判断される。その場合は借主のその後の手入れ等管理が悪く発生、拡大したと考えられる。
		クーラー（借主所有）から水漏れし、放置したため壁が腐食	借主	クーラーの保守は所有者（この場合借主）が実施すべきであり、それを怠った結果、壁等を腐食させた場合には、善管注意義務違反と判断されることが多いと考えられる。
		クーラー（貸主所有）から水漏れし、借主が放置したため壁が腐食	借主	クーラーの保守は所有者（この場合貸主）が実施すべきものであるが、水漏れを放置し、その後の手入れを怠った場合は、通常の使用による損耗を超えると判断されることが多いと考えられる。
		結露を放置したことにより拡大したカビ、シミ	借主	結露は建物の構造上の問題であることが多いが、借主が結露が発生しているにも関わらず、貸主に通知もせず、かつ、拭き取るなどの手入れを怠り、壁等を腐食させた場合には、通常の使用による損耗を超えると判断されることが多いと考えられる。
		台所の油汚れ	借主	使用後の手入れが悪く、ススや油が付着している場合は、通常の使用による損耗を超えるものと判断されることが多いと考えられる。

部位	項目	説明	負担区分	理由
壁・天井	天井	取付金具のない天井に直接つけた照明器具の跡	借主	あらかじめ設置された照明器具用コンセントを使用しなかった場合には、通常の使用による損耗を超えると判断されることが多いと考えられる。
建具・柱	ガラス	地震で破損したガラス	貸主	自然災害による損傷であり、借主には責任はないと考えられる。
		網入りガラスの亀裂（構造により自然に発生したもの）	貸主	ガラスの加工処理の問題で、亀裂が自然に発生した場合は、借主には責任はないと考えられる。
	柱等	飼育ペットによる柱等のキズや臭い	借主	特に、共同住宅におけるペット飼育は未だ一般的ではなく、ペットの躾や尿の後始末の問題でもあり、善管注意義務違反として借主負担と判断される場合が多いと考えられる。
	その他	網戸の張替え（破損等はしていないが次の入居者確保のために行うもの）	貸主	入居者の入れ替わりによる物件の維持管理上の問題であり、貸主の負担とすることが妥当と考えられる。
設備・その他	設備	設備機器の故障、使用不能（機器の耐用年限到来のもの）	貸主	経年劣化による自然損耗であり、借主に責任はないと考えられる。
		浴槽、風呂釜等の取替え（破損等はしていないが、次の入居者確保のため行うもの）	貸主	物件の維持管理上の問題であり、貸主負担とするのが妥当と考えられる。
		日常の不適切な手入れもしくは用法違反による設備の毀損	借主	借主の善管注意義務違反に該当すると判断されることが多いと考えられる。
	鍵	鍵の取替え（破損、鍵紛失のない場合）	貸主	入居者の入れ替わりによる物件管理上の問題であり、貸主の負担とすることが妥当と考えられる。
		鍵の取換え（破損、不適切使用、紛失による場合）	借主	借主の善管注意義務違反に該当すると判断されることが多いと考えられる。
		消毒（台所、トイレ）	貸主	消毒は、日常の清掃と異なり、借主の管理の範囲を超えているので、貸主負担とすることが妥当と考えられる。
	水回り	ガスコンロ置き場、換気扇等の油汚れ、すす	借主	使用期間中に、その清掃・手入れを怠った結果汚損が生じた場合は、借主の善管注意義務違反に該当すると判断されることが多いと考えられる。
		風呂、トイレ、洗面台の水垢、カビ等	借主	使用期間中に、その清掃・手入れを怠った結果汚損が生じた場合は、借主の善管注意義務違反に該当すると判断されることが多いと考えられる。
	居室	全体のハウスクリーニング（専門業者による）	貸主	借主が通常の清掃（具体的には、ゴミの撤去、掃き掃除、拭き掃除、水回り、換気扇、レンジ回りの油汚れの除去等）を実施している場合は、次の入居者を確保するためのものであり、貸主負担とすることが妥当と考えられる。

※東京都都市整備局のホームページ掲載の賃貸住宅トラブル防止ガイドライン（再改訂版）より引用。

【監修者紹介】
木島　康雄（きじま　やすお）
1964年生まれ。京都大学法学部卒業。専修大学大学院修了。予備試験を経て司法試験合格。弁護士（第二東京弁護士会）、作家。過去30冊以上の実用書の公刊、日本経済新聞全国版でのコラム連載と取材の他、多数の雑誌等での掲載歴あり。現在、旬刊雑誌「税と経営」にて、200回を超える連載を継続中。作家としては、ファンタジー小説「クラムの物語」（市田印刷出版）を公刊。平成25年、ラブコメディー「恋する好色選挙法」（日本文学館）で「いますぐしよう！作家宣言２」大賞受賞。平成30年7月には「同級生はＡＶ女優」（文芸社）を発表。弁護士実務としては、離婚、相続、遺言、交通事故、入国管理、債権回収、債務整理、刑事事件等、幅広く手がけている。
監修書に『行政法のしくみ』『パート・派遣・請負をめぐる法律知識』『マンションを「売るとき」「買うとき」の法律マニュアル』『交通事故の過失割合 ケース別288』『刑事訴訟法のしくみ』『民法【債権法】大改正』『民法【財産法】のしくみ』『債権回収のしくみがわかる事典』『刑法のしくみ』『契約書・印鑑・印紙税・領収書の法律知識』『告訴・告発・刑事トラブル解決マニュアル』『交通事故の法律とトラブル解決マニュアル』（小社刊）がある。

木島法律事務所
〒134-0088　東京都江戸川区西葛西６丁目12番７号　ミル・メゾン301
TEL：03-6808-7738　FAX：03-6808-7783
Meil：a-kitaki@lapis.plala.or.jp

すぐに役立つ
最新　借地借家の法律と実務書式87

2019年3月30日　第1刷発行

監修者	木島康雄
発行者	前田俊秀
発行所	株式会社三修社
	〒150-0001　東京都渋谷区神宮前2-2-22
	TEL　03-3405-4511　FAX　03-3405-4522
	振替　00190-9-72758
	http://www.sanshusha.co.jp
	編集担当　北村英治
印刷所	萩原印刷株式会社
製本所	牧製本印刷株式会社

©2019 Y. Kijima Printed in Japan
ISBN978-4-384-04808-7 C2032

JCOPY〈出版者著作権管理機構 委託出版物〉
本書の無断複製は著作権法上での例外を除き禁じられています。複製される場合は、そのつど事前に、出版者著作権管理機構（電話 03-5244-5088 FAX 03-5244-5089 e-mail: info@jcopy.or.jp）の許諾を得てください。